Unterricht GESCHICHTE
Themen · Materialien · Medien

Reihe A · Band 5:
Spätantike und Frühes Mittelalter

Autor:
Alfons Zettler

Herausgeber:
Hans Georg Kirchhoff · Klaus Lampe †

Aulis Verlag Deubner

Bibliografische Information Der Deutschen Bibliothek

Die Deutsche Bibliothek verzeichnet diese Publikation in der Deutschen Nationalbibliografie; detaillierte bibliografische Daten sind im Internet über *http://dnb.ddb.de* abrufbar.

Unterricht Geschichte · **Reihenübersicht:**

Reihe A

Band 1:	Ur- und Frühgeschichte*
Band 2:	Frühe Hochkulturen
Band 3:	Griechenland*
Band 4:	Rom*
Band 5:	Spätantike und Frühes Mittelalter*
Band 6:	Spätes Mittelalter*
Band 7:	Entdeckungen und Kolonialismus*
Band 8:	Das Zeitalter der Glaubenskämpfe
Band 9:	Absolutismus*
Band 10:	Französische Revolution
Band 11:	Liberalismus und Nationalstaat*
Band 12:	Imperialismus und Erster Weltkrieg
Band 13:	Die Weimarer Republik
Band 14:	Nationalsozialismus
Band 15:	Bundesrepublik und DDR bis 1990

Reihe B

Band 1:	Geschichte des Islams bis zur Türkischen Revolution*
Band 2:	Die Vereinigten Staaten von Amerika
Band 3:	Russland/Sowjetunion
Band 4:	Der Nahe Osten
Band 5:	»Dritte Welt«
Band 6:	Geschichte der Frau: Altertum und Mittelalter
Band 7:	Geschichte der Frau: Neuzeit
Band 8:	Umweltgeschichte
Band 9:	Europa

An der Reihe arbeiten folgende Autoren mit:

Dr. *Maria Blochmann*, Lehrerin i. R., Marl

Prof. Dr. *Elisabeth Erdmann*, Universität Erlangen-Nürnberg

Dr. *Saskia Handro*, Universität Dortmund

Johannes Hoffman, Universität Dortmund

Prof. Dr. *Hans Georg Kirchhoff*, Universität Dortmund

Priv. Doz. Dr. *Werner Koppe*, Universität Dortmund

Dr. *Herbert Kraume*, Kepler-Gymnasium Freiburg

Prof. Dr. *Klaus Lampe*, † Universität Dortmund

Dr. *Stefanie Marra*, Universität Dortmund

Dr. *Erika Münster-Schroer*, Stadtarchiv Ratingen

Prof. Dr. *Gerhard E. Sollbach*, Universität Dortmund

Dr. *Anja Wieber*, Universität Bochum

Prof. Dr. *Günter Wied*, Universität Dortmund

Prof. Dr. *Alfons Zettler*, Universität Dortmund

* Bereits erschienen

Der Verlag möchte an dieser Stelle für die freundliche Genehmigung zum Nachdruck von Copyright-Material danken. Trotz wiederholter Bemühungen ist es nicht in allen Fällen gelungen, Kontakte mit Copyright-Inhabern herzustellen. Für diesbezügliche Hinweise wäre der Verlag dankbar.

Best.-Nr. 8315
Alle Rechte Aulis Verlag Deubner & GmbH Co KG, Köln 2003
Umschlaggestaltung: Atelier Warminski, Büdingen
Umschlagbild: *Kaiser Karl der Kahle in der sog. Vivian-Bibel*, © Bibliothèque National, Paris
Satz: Verlag
Printed in Poland
ISBN 3-7614-2513-9

Das vorliegende Werk wurde sorgfältig erarbeitet. Dennoch übernehmen Autoren, Herausgeber und Verlag für die Richtigkeit von Angaben, Hinweisen und Ratschlägen sowie für eventuelle Druckfehler keine Haftung.

Inhalt

Vorwort 4

A. Einleitung 5
Didaktische Begründung 5
Planungsfeld 5

B. Basiswissen 6
1. Vom römischen Weltreich zum frühmittelalterlichen Europa 6
2. Christianisierung und Mission 6
3. Im Kloster 6
4. Karl der Große 7
5. Ostfrankenreich – Westfrankenreich: Deutschland – Frankreich 7
6. Der Osten des Reiches: Ungarn und Slawen 7
7. Zeitalter der Invasionen 8
8. Erzbergbau, Edelmetall und Münzen 8
9. Der Investiturstreit 8
10. Stadt und Bürgertum 8

C. Chronik 10

D. Glossar 12

E. Unterrichtshilfen 13
1. Vom römischen Weltreich zum frühmittelalterlichen Europa 13
2. Christianisierung und Mission 16
3. Im Kloster 18
4. Karl der Große 22
5. Ostfrankenreich – Westfrankenreich: Deutschland – Frankreich 26
6. Der Osten des Reiches: Ungarn und Slawen 29
7. Zeitalter der Invasionen 33
8. Erzbergbau, Edelmetall und Münzen 37
9. Der Investiturstreit 40
10. Stadt und Bürgertum 42

F. Materialien 45

G. Quellenverzeichnis 93

Vorwort

Zur Reihe

»Unterricht Geschichte« soll helfen, einen lebendigen, schülerorientierten Unterricht zu gestalten.
Die Reihe erleichtert dem Lehrer die Vorbereitung, indem sie
- im Abschnitt »Basiswissen« die wichtigsten Fakten vermittelt,
- didaktische Hinweise und methodische Hilfen bietet und
- Materialien für den Unterricht bereitstellt.

Der Aufbau der Reihe orientiert sich an den in den Bundesländern erschienenen Richtlinien, die trotz aller Unterschiede im einzelnen in zwei didaktischen Entscheidungen übereinstimmen: Grundlage für den Aufbau des Geschichtsunterrichts in der Sekundarstufe I ist die Chronologie, der »Durchgang durch die Geschichte«. Daneben stehen aber auch – je weiter der Geschichtsunterricht fortschreitet, desto mehr – thematische Kapitel.

Dieser Zweiteilung trägt »Unterricht Geschichte« Rechnung: Die Reihe macht die Geschichte »von ihren Anfängen bis zur Gegenwart« zum Inhalt von 15 Bänden, und sie greift wichtige historische Themen in voraussichtlich 9 Bänden auf.

Nachruf

Im Mai 2003 verstarb plötzlich und unerwartet der Mitherausgeber der Reihe „Unterricht Geschichte", Prof. Dr. Klaus Lampe, auf einer Russland-Reise, die der Vorbereitung eines Bandes zu russischen Geschichte diente.
Klaus Lampe war ein kompetenter Wissenschaftler und Geschichtsdidaktiker, der auch auf eine lange Erfahrung als Lehrer zurückgreifen konnte. Mit ihm verband mich eine vieljährige Zusammenarbeit und Freundschaft. Er hat eine Lücke hinterlassen, die nur schwer zu schließen ist.
Der Verfasser des vorliegenden Bandes, Prof. Dr. Alfons Zettler, hat sich dankenswerter Weise bereit erkärt, die Nachfolge von Klaus Lampe als Mitherausgeber von „Unterricht Geschichte" zu übernehmen. Damit erscheint die Weiterführung der Reihe gesichert.

Dortmund, im Mai 2003   Prof. Dr. Hans Georg Kirchhoff

A Einleitung

Wozu Geschichte des Mittelalters im Unterricht? Handelt es sich nicht um eine ferne, fremdartige Welt, in die einzudringen schwer fällt? Und darf sie deshalb mehr als einen nur marginalen Platz im ohnehin knappen Zeitbudget des Geschichtsunterrichts einnehmen, weil es doch wichtigere Epochen gibt?

Solche didaktischen Fragen bedürfen einer sorgfältigen Antwort. Das Argument der Ferne und Fremdheit kann gegen den gesamten Geschichtsunterricht ins Feld geführt werden; aber sein Bildungswert liegt gerade in seinem Potenzial, die Gegenwart zu relativieren. Und zeitlich nah – es leben ja noch Zeitzeugen -, aber für die meisten mental sehr fern ist das NS-System mit seinen Gräueln, wahrscheinlich Schülern schwerer zu vermitteln als das Mittelalter. Und der sozusagen erst gestern implodierte „real existierende Sozialismus" ist bereits Gegenstand „ostalgischer" Literatur und Filme geworden. Umgekehrt kann das zeitlich Ferne eine unerwartete Aktualität erfahren. Denn das, was wir zur Zeit erleben, die Einigung Europas, knüpft auf erstaunliche Weise an das an, was vor mehr als tausend Jahren begann. Denn damals entstand das politische Europa, während in der Antike dieser Name allenfalls zu geographischen Beschreibungen verwendet wurde.

Betrachtet man die bevorstehende Union der Fünfundzwanzig, so wird sofort deutlich, dass es sich um den Raum handelt, den im Mittelalter die römische Kirche einnahm. Mit der Aufnahme Griechenlands in die Union wurde sogar die religiöse Spaltung in „katholisch" und „orthodox" von 1059 in einem ersten Schritt politisch überwunden; weitere Brücken werden folgen.

Wie stark trotz aller politischen und für viele auch privaten Säkularisation dieses neue Europa seiner christlichen Vergangenheit verpflichtet ist, zeigt die gegenwärtige Diskussion um einen Beitritt der Türkei, zeigen aber auch die Integrationsprobleme z. B. der starken türkischen Minderheit in Deutschland oder der nordafrikanisch-muslimischen Bürger Frankreichs.

Diese europäische Perspektive legt Wurzeln unserer Existenz frei. Das europäische Mittelalter entstand aus den Trümmern des römischen Imperiums und entfaltete sich in vielen Nationen, die sich vor allem sprachlich voneinander unterschieden. Aber es kannte auch eine gemeinsame Sprache: Das Lateinische blieb noch für viele Jahrhunderte die Sprache der Gelehrten und Geistlichen. Heute beginnt das Englische eine ähnliche Rolle einzunehmen.

Im frühen Mittelalter begegnen wir unserem Europa in statu nascendi, im Zustand der Geburt. Das ist eines der „Großen Themen" der Geschichtswissenschaft und darf deshalb auch im Unterricht nicht fehlen.

Hinzu kommt, dass in den meisten Lehrplänen für die gymnasiale Oberstufe das Mittelalter kaum noch erscheint. Darum ist für die allermeisten Schüler die Sekundarstufe I der einzige Ort, der Antike und dem Mittelalter zu begegnen. Die Materialien dieses Bandes sind deshalb speziell auf diese Lerngruppen bezogen.

Planungsfeld

1. Vom römischen Weltreich zum frühmittelalterlichen Europa
Das spätantike Reich und seine Nachbarn – Rom und die Barbaren – Angriffe der Germanen – Barbarisierung der nordwestlichen Gallia

2. Christianisierung und Mission
König Chlodwigs Taufe – Chlodwig und der Heilige Martin – Mission und Christianisierung: Bonifatius

3. Im Kloster
Klostergebäude und Klosterwirtschaft – Leben im Kloster – In der Schule – Schreiben und Schrift

4. Karl der Große
König der Franken und Kaiser der Römer – Die Unterwerfung der Sachsen – Die Eroberung Spaniens: ein vergeblicher Versuch – Das Reich der Franken unter Karl

5. Ostfrankenreich – Westfrankenreich: Deutschland – Frankreich
Erneuerung des Kaisertums – Geburt zweier Völker: Deutschland und Frankreich

6. Der Osten des Reiches: Ungarn und Slawen
Ungarnnot – Schlacht auf dem Lechfeld – Krieg gegen die Slawen – Mission

7. Ein Zeitalter der Invasionen
Plünderungen und Überfälle – Seefahrt und Handel – In Grönland und Amerika

8. Erzbergbau, Edelmetall und Münzen
Erzgewinnung – Metalle und Macht – Münze und Geld

9. Der Investiturstreit
Investitur – Der Zug über die Alpen – Canossa

10. Stadt und Bürgertum
Stadtgründung und Stadtrecht – Wirtschaft – Stadtverfassung

B Basiswissen

1. Vom römischen Weltreich zum frühmittelalterlichen Europa

Der Zerfall der römischen Mittelmeerwelt und die Formierung Alteuropas bzw. der europäischen Staatenwelt sind Grund- und Hauptthemen der Geschichte des ersten Jahrtausends unserer Zeitrechnung. Langfristig wird römische Identität von „europäischer" Identität abgelöst, aus großen Teilen des antiken römischen Westens erwächst das mittelalterliche Europa. Die Problematik der Epochengliederung Antike – Mittelalter, die ein Hilfsmittel der historischen Wissenschaften ist und chronologisch vielfach unterschiedlich angesetzt wird, spielt in dieser Einheit eine untergeordnete Rolle. Denn Vieles, was das frühere Mittelalter ausmacht, hat nicht nur seine Wurzeln in der Antike, sondern beginnt gleichsam in ihr und setzt sich über die von der Historie gesetzten Zäsuren hinweg fort. So endete zwar formell der römische Staat im Westen gegen Ende des 5. Jahrhunderts, doch stellten sich die merowingischen Frankenkönige und noch entschiedener die Herrscher aus dem Hause der Karolinger in die imperiale Tradition der Römer. Das Kaisertum bildet eine wichtige Klammer zwischen christlicher Spätantike und Mittelalter.

Mit Konstantin dem Großen (306–337) ergaben sich andererseits, wenn der Blickwinkel von der Antike her gewählt wird, bereits zu Anfang des 4. Jahrhunderts entscheidende Weichenstellungen für das abendländische Mittelalter. Der Kaiser gab dem Imperium mit Konstantinopel eine neue Hauptstadt, und in Folge dessen konnte sich die alte Kapitale Rom zum Zentrum des westlichen Christentums und zur Residenz von Kurie und Papst entwickeln. Konstantinopel als Zentrale des byzantinisch-oströmischen Imperiums und Rom als Zentrale des Papstes und der westlichen Kirche – das sind Konstanten, die das europäische Mittelalter prägen sollten. Eine weitere Klammer zwischen Antike und Mittelalter bildeten die Mentalität und das Lebensgefühl der Menschen. Bis weit ins erste Jahrtausend unserer Zeitrechnung blieben viele Lebensbereiche vom antiken Erbe bestimmt; die tragenden Gedanken in Kunst und Kultur, in Bildung und Geistesleben wurzelten in der christlichen Spätantike.

2. Christianisierung und Mission

Das erste Jahrtausend unserer Zeitrechnung kennzeichnen sich kreuzende Prozesse, die kurz benannt werden könnten mit der Barbarisierung der römischen Welt und der Christianisierung der barbarischen Welt, d.h. der antiken Randkulturen. Wie die sog. Völkerwanderungen zählen deshalb Christianisierung und Mission zu den Hauptthemen europäischer Geschichte des frühen Mittelalters, und sie greifen bezüglich Skandinaviens und Osteuropas sogar noch beträchtlich in das zweite Jahrtausend hinein. Der Übertritt des ersten fränkischen Königs Chlodwig (ca. 480-511) mit seinen barbarischen Kriegern zum Christentum schuf wesentliche Voraussetzungen für die Jahrhunderte während Vorherrschaft der Franken in Europa. Dementsprechend fand „Chlodwigs Taufe" ihre Darstellung in Bild und Text als Ereignis von wahrhaft epochalem Zuschnitt. Während der hl. Martin von Tours zum Reichsheiligen der Franken avancierte, gilt Bonifatius, der im rechtsrheinischen Gebiet des Frankenreiches in enger Kooperation mit Rom und den aufstrebenden Karolingern kirchliche Strukturen schuf und auf Missionsfahrt bei den Friesen das Martyrium erlitt, als „Apostel der Deutschen". Das Werk des Bonifatius bietet ein ebenso hervorragendes Beispiel für die enge Verflechtung von Politik und Mission im Mittelalter wie die Unterwerfung der Sachsen durch Karl den Großen oder die Ostkolonisation im Hoch- und Spätmittelalter bis hin zur Errichtung des Ordensstaates bei den Pruzzen.

3. Im Kloster

Die in den Wüsten Ägyptens und Syriens entstandene christliche Lebensform des Mönchtums verbreitete sich während der Spätantike und im frühen Mittelalter im Abendland. Unter den verschiedenen Richtungen und Strömungen setzten sich auf längere Sicht die Benediktiner durch, die unter den Kaisern Karl dem Großen (768-814) und Ludwig dem Frommen (814-840) von Staats wegen umfassend reguliert wurden. Neben der hohen Bedeutung der Mönche im Rahmen des religiösen und kirchlichen Lebens im Mittelalter ist unter historischem Aspekt vor allem zu beachten, dass die alten Klöster stets auch Zentren ihres Umlandes waren – Mittelpunkte des wirtschaftlichen und geistigen Lebens – und dass der Bereich Bildung und Schule im früheren Mittelalter nahezu ausschließlich in den Klöstern angesiedelt war. Schule und Bildung im modernen Sinne gab es im Mittelalter nicht. Bildung war über lange Perioden des Mittelalters hinweg Privileg des geistlichen Standes und eng an das Erlernen der lateinischen Sprache gekoppelt. Die Ausbildung beschränkte sich, mit heutigen Begriffen ausgedrückt, vielfach auf den Elementarunterricht und fiel im Wesentlichen zusammen mit der Hinführung zu den klerikalen Weihen oder zum Mönchsgelübde. Dementsprechend boten bis ins Zeitalter der Städte in erster Linie die größeren kirchlichen Institutionen wie Bischofskirchen und Klöster Unterricht an. Oft wurden die Zöglinge, die ganz überwiegend aus den oberen gesellschaftlichen Schichten kamen, bereits mit fünf bis sieben Jahren mit dem Ziel einer geistlichen oder klösterlichen Karriere den erwähnten Institutionen übergeben. Unter diesen Vorzeichen ist es auch klar, dass im Grunde fast ausschließlich Knaben in den Genuss von Schule und Bildung kamen. Den Unterricht erteilten Geistliche und Mönche, wobei die kleinen Schülergruppen ihre gesamte Schulzeit über, wie es scheint, in der Regel beim selben Lehrer verblieben. Im Alter von ca. 15 Jahren, mit Volljährigkeit, fand auch die Schulzeit ihr Ende. Einen Gutteil des Unterrichts nahmen Disziplinierung und Auswendiglernen ein. Die ursprünglich einzige Schriftsprache, das Latein, bildete auch die Grundlage und den Ausgangspunkt der Alphabetisierung. Der größere Teil der Schüler dürfte nur Lesefähigkeit und Kommemorierfähigkeit erreicht haben, während das Schreiben eine weitere, qualitativ erheblich höhere Stufe von Bildung darstellte und von vergleichsweise wenigen Schülern erreicht wurde. Man schrieb mit Griffel auf Wachstäfelchen (Diptychen) und mit Feder und Tinte vor allem auf Pergament, seltener auf Papyrus, eine Vorform des Papiers. Erst mit dem Aufblühen der Städte und des Bürgertums erlebte dieses „Bildungssystem" des frühen Mittelalters einen durchgreifenden Wandel und eine Öffnung hin zu breiteren Schichten der Bevölkerung.

4. Karl der Große

Wenige Herrschergestalten sind derart zum Inbegriff ihrer Zeit und einer ganzen Epoche geworden wie Karl der Große. Über Karls Leben, seine Person und seine Regierung berichtete in fast einzigartiger Ausführlichkeit für jene weit zurückliegenden Zeiten Karls Biograf Einhard, ein Zeitgenosse und Höfling des Kaisers, der in seine häufig sehr plastische Schilderung eigene Anschauung mit einfließen lassen konnte. Allerdings machte sich Einhard erst zwei Jahrzehnte nach Karls Tod an sein Werk. Hintergrund des Unternehmens war unter anderem, dass sich die Enkel des Kaisers heillos über das Erbe zerstritten hatten und das Karlsreich unter ihnen zu zerfallen begann. Ein wichtiges Motiv Einhards für die Niederschrift des Karlslebens war daher der Appell an die Enkel, sich doch den Großvater zum Vorbild zu nehmen. Diesem konkreten Ziel, Karls Persönlichkeit und die mit seiner Regierung verbundenen politischen Errungenschaften der Nachwelt deutlichst vor Augen zu führen, verdankt Einhards Werk seine Anschaulichkeit und bildhafte Qualität. Zu Einhards Lebensbeschreibung treten die bekannte Reiterstatuette von Paris, die wahrscheinlich Karl zeigen soll, auch wenn sie wohl erst von dessen Enkel Karl II. (dem Kahlen) in Auftrag gegeben wurde, und eine Rekonstruktion des Aachener Palastes, den Karl erbauen ließ und den er in seinen späteren Jahren als Residenz nutzte. So entsteht ein rundes Bild von dem mittelalterlichen Herrscher, der wie kein anderer das Kaisertum und das Heilige Römische Reich verkörpert, das mit ihm seinen Anfang nahm und nach der Französischen Revolution unter den Schlägen Napoléons zu Ende ging.

5. Ostfrankenreich – Westfrankenreich: Deutschland – Frankreich

Für die ältere Geschichte Europas und die Formierung der europäischen Staatenwelt war es von entscheidender Bedeutung, dass die ostfränkischen (und nicht die westfränkischen) Könige im Verlauf des 10. Jahrhunderts an das Kaisertum Karls des Großen und an dessen „Residenz" zu Aachen anknüpfen konnten. Es war der Ostfrankenkönig Otto I., der im Jahre 962 nach längerem Ruhen des westlichen Kaisertums in Rom wieder die Kaiserkrone erlangte (renovatio imperii = Erneuerung des Kaisertums). Eng damit verbunden erscheinen die Anfänge der staatlichen Gliederung Alteuropas und insbesondere die ersten Geburtswehen der Nationen Deutschland und Frankreich, die sich unter anderem in dem Ringen um Lothringen während des 10. Jahrhunderts manifestierten. Dabei hatten sich die Herrscherhäuser verwandtschaftlich eng miteinander verbunden. Je eine Tochter gab König Heinrich I. aus dem Ostfrankenreich in die beiden konkurrierenden Häuser des Westfrankenreichs, das der Karolinger und das der Kapetinger. Eine Liudolfingerin, Mathilde, wurde so die Mutter des seit 987 herrschenden und die Dynastie der Kapetinger begründenden Königs Hugo Capet. Deutschland und Frankreich, die uns vertrauten Nationen, dürfen allerdings nicht einfach mit dem Ostfrankenreich und dem Westfrankenreich in eins gesetzt werden. In der Trennung der Herrscherhäuser kündigte sich die Formierung der Nationen zwar an, aber es sollte noch Jahrhunderte bis zu ihrer Vollendung dauern.

Die Periode der Formierung Alteuropas war ein Zeitalter des Umbruchs nicht nur in der Politik, sondern auch bezüglich der Lebenswelt der Menschen. Der klassische Feudalismus und Lehensstaat bildete sich ebenso heraus wie die Territorialherrschaften der Landesherren, das Rittertum entstand und technische Neuerungen in vielen Bereichen begannen Einfluss auf die Menschen zu gewinnen.

6. Der Osten des Reiches: Ungarn und Slawen

Seit die Liudolfinger mit der Erhebung Heinrichs I. zum König im Jahre 919 die Macht im ostfränkischen Reich erlangten, rückte der Osten verstärkt ins Blickfeld des Königtums. Heinrich bestieg den Thron gewissermaßen aus seiner angestammten Position als Fürst der Sachsen heraus. In dieser Funktion hatten die Liudolfinger, deren Eigengut sich im Land um den Harz konzentrierte, stets mit den slawischen Völkerschaften und den Dänen zu tun gehabt, die von Norden und von Osten her gegen die Grenzen Sachsens und des Reiches drängten. Im Verlauf des 9. und 10. Jahrhunderts nahm der Druck von dort beständig zu, denn in dieser Periode vollzogen sowohl die Skandinavier wie auch die Slawen den Übergang von frühgeschichtlichen zu mittelalterlichen politischen Organisationsformen und Gesellschaften. Dadurch, dass die Sachsenfürsten zu Beginn des 10. Jahrhunderts die Krone im gesamten ostfränkischen Reich erlangten, wurde die Landesverteidigung gegen Slawen und Dänen, die bis dahin eine vornehmlich sächsische Angelegenheit gewesen war, zu einer Aufgabe des Reiches, ebenso die Einrichtung von Marken (Provinzen unter Kriegsrecht) entlang der Grenzsäume und schließlich die Ostkolonisation mit ihrer für das Mittelalter so typischen Verschränkung von Politik und Mission. Die Ungarnnot hingegen, die mit beinahe jährlich wiederkehrenden Einfällen des nomadischen Reitervolkes aus den Steppengebieten Asiens bereits vor der Wende zum 10. Jahrhundert eingesetzt hatte, erreichte einen ersten Höhepunkt mit dem Verlust der bayerischen Ostmark im Jahre 907, bevor der Sieg Ottos des Großen auf dem Lechfeld bei Augsburg im Jahre 955 dieser Gefahr ein Ende setzte.

7. Ein Zeitalter der Invasionen

Zeitalter der Invasionen – so könnte eine lange Periode europäischer Geschichte im Mittelalter, vom 8./9. bis zum 11. Jahrhundert, treffend charakterisiert werden. Denn in dieser Zeitspanne, die im angelsächsischen Sprachraum unter dem Begriff der „Central Middle Ages" eingeordnet wird, verheerten nicht nur die von Osten herandrängenden Ungarn, sondern auch die Sarazenen, d. h. arabisch-muslimische „Piraten" vom Mittelmeer her sowie Skandinavier (Dänen, Normannen) von der Ost- und der Nordsee her das kontinentale Europa. Herausgegriffen werden hier die nordischen Seefahrer, die heute in Anlehnung an Gepflogenheiten in Skandinavien selbst und im angelsächsischen Sprachraum unter dem Begriff der „Wikinger" subsumiert werden. Es ist jedoch problematisch, undifferenziert von „Wikingern" zu sprechen, denn in den Quellen treten diese Leute skandinavischen Ursprungs regelmäßig als „Dänen" oder „Normannen" entgegen. Nur in wenigen Fällen, meist in englischem Kontext, hören wir geradewegs von „Wikingern", und gelegentlich werden diese auch näher charakterisiert, beispielsweise als „Raubwikinger". Dies macht schon klar, dass die damaligen Zeitgenossen offenbar zwischen vorwiegend handeltreibenden und plündernden Wikingern zu unterscheiden wussten. Am besten sind wir deshalb beraten, wenn wir mit den Quellen von Dänen oder Normannen sprechen. Denn diese Bezeichnungen umfassen auch die Völker und Gebiete, aus denen sich die Seefahrer lösten und wo sie herstammten. Der Begriff „Wikinger" meint ohnehin nicht ein Volk, sondern bezeichnet je nach den Umständen sehr heterogene Gruppen, die durch ihre Lebensweise verbunden und geprägt erscheinen, welche bei den einzelnen Verbänden und Gruppen sehr unterschiedlich ausgestaltet sein konnte. Unter den Sammelbegriff der „Wikinger" fallen sowohl die handeltreibenden wie auch die plündernden Seefahrer, und schließlich sogar diejenigen normannischen Gruppen, die sich zur dauerhaften Ansiedlung in Nordfrankreich (Normandie) und in Süditalien und Sizilien entschlossen.

8. Erzbergbau, Edelmetall und Münzen

Beim alten Bergbau sind sehr unterschiedliche und ungleich bedeutende Sparten zu unterscheiden, einmal die Salzgewinnung, die in den frühen Zentren wie Soest und Lüneburg allerdings auf Soleförderung aus dem Untergrund basierte, dann der Bergbau auf Kohle beispielsweise im Ruhrgebiet und in Aachen und Lüttich, und schließlich der Erzbergbau auf Eisen und vor allem auf Buntmetalle einschließlich des Münzmetalls Silber. Die Salzgewinnung aus dem „Berg" ist bereits in frühmittelalterlicher Zeit bezeugt, während der Steinkohlebergbau im Hoch- und Spätmittelalter einsetzte. Beim Erzbergbau, der hier im Mittelpunkt steht, handelt es sich zweifelsohne um die wirtschaftlich und politisch bedeutendste Sparte der alten Montanwirtschaft. In der Wissenschaft ist strittig, wieweit die mittelalterliche Erzgewinnung in antiker Kontinuität steht. Jedenfalls haben die Römer in beträchtlichem Umfang Buntmetalle wie Kupfer, Blei und Silber in den Mittelgebirgen ihrer nordalpinen Provinzen, beispielsweise im Schwarzwald, den Vogesen und der Eifel abgebaut. Und es kann auch wenig Zweifel daran sein, dass die antiken Gruben und Bergwerke, die teils bereits unter Tage betrieben worden sind, die hauptsächlichen Anknüpfungspunkte für den mittelalterlichen Erzbergbau boten. Im frühen Mittelalter lief die Silbergewinnung offenbar langsam wieder an, aber das meiste Silber musste noch aus dem nahöstlich-muslimischen Bereich importiert werden. Erst um die Jahrtausendwende verstärkten die europäischen Fürsten ihre Bemühungen um Autarkie in der Silberversorgung, weil sie Märkte ins Leben riefen und Münzen zu schlagen begannen, und es kam zu einem neuen Boom im Montansektor. So heißt es in der „Sachsengeschichte" Widukinds sogar, der Kaiser selbst, Otto der Große (936–973), habe die Silbervorkommen am Rammelsberg im Harz erschließen und erstmals in großem Umfang ausbeuten lassen. Anfänglich scheint noch der Tagebau vorgeherrscht zu haben, aber schon im 11. und 12. Jahrhundert wurden die Techniken des Untertagebaus und der dazu notwendigen Wasserhaltung entwickelt und verbreiteten sich rasch über ganz Europa. So konnten Erzbergbau und Metallurgie zum Ausgangspunkt und Motor für die generelle Entwicklung der Technik und der „industriellen Revolution des Mittelalters" (Jean Gimpel) werden.

9. Der Investiturstreit

Im Investiturstreit, der hier nur sehr knapp angesprochen werden kann, gipfelte die Auseinandersetzung zwischen Imperium und Papsttum, den beiden höchsten Autoritäten in der mittelalterlichen Welt Europas. Im Zeitalter der Kirchenreform erhoben beide Gewalten Anspruch auf universale Geltung und auf Suprematie, und beide gingen sie geschwächt aus dem Streit hervor. Weil im Investiturstreit die Einheit des mittelalterlichen Weltbilds zerbrach, markiert er eine tiefe Zäsur in der Geschichte des Mittelalters und bereitete dem Anbruch eines neuen Zeitalters den Weg. Der eigentliche Investiturstreit umfasste die Zeitspanne zwischen Heinrichs berühmtem Gang nach Canossa 1077 und dem Kompromiss-Vertrag des Wormser Konkordats 1122, während als „Zeitalter der Kirchenreform" die weitere Periode von den ersten Regungen der Mönchsreform und der Gründung des Klosters Cluny bis weit ins 12. Jahrhundert hinein gelten kann.

10. Stadt und Bürgertum

Die meisten europäischen Städte sind während des Mittelalters gegründet worden, eine Ausnahme bilden nur die ehemaligen Bestandteile des antiken Römischen Reiches, wo der Ursprung der Städte vielfach bis ins Altertum zurückreicht. Vom 11. bis zum 13. Jahrhundert kam es im bis dahin stadtarmen Europa nördlich der Alpen zu einer regelrechten Stadtgründungswelle. Königtum, Fürsten und Territorialherren, ja sogar der kleinere Adel, wetteiferten miteinander auf diesem Feld. Viele Städte, die damals entstanden, gingen bereits nach wenigen Jahren oder Jahrzehnten wieder ein. Ansatzpunkt für eine Stadtgründung war meist ein Markt, von dem sich der Gründer wirtschaftlichen Aufschwung in seinem Herrschaftsgebiet und Einkünfte versprach. Ein typisches Beispiel hierfür ist die Gründung von Freiburg im Breisgau durch die Herzöge von Zähringen, wo der Fürst den „Marktgenossen", d. h. den Kaufleuten und künftigen Bürgern, ein ganzes Paket von Vergünstigungen als Anreiz für die Niederlassung gewährte. War das Leben im frühmittelalterlichen Europa von der agrarisch-feudalen, landsässigen Gesellschaft geprägt, so erlangte mit den aufstrebenden Städten eine neue Lebensordnung an Bedeutung, in der die moderne bürgerliche Gesellschaft eine ihrer Wurzeln hat. Lebensweise und Gesellschaft innerhalb der Stadtmauern unterschieden sich grundlegend von jener der ländlichen Umgebung. Markt, Geldwirtschaft, Handel und Verkehr sowie eine arbeitsteilige Wirtschaftsweise waren ihre Kennzeichen. Stadtluft macht frei, lautet durchaus treffend ein bekanntes Wort, auch wenn „frei" dabei nicht mit dem aktuellen Inhalt des Wortes gefüllt werden darf.

C Chronik

Spätantike und Völkerwanderungszeit

180	Sieg des Kaisers Mark Aurel über die Markomannen
233	Alemannen, Franken, Goten und andere Barbaren fallen in die römischen Provinzen an Rhein und Donau ein
ca. 280	Fall des obergermanisch-raetischen Limes – Rückzug der Römer auf die Rheingrenze
284–305	Kaiser Diokletian – Reichsreform – Tetrarchie (Vierkaiserherrschaft)
306–337	Kaiser Konstantin der Große – Religionsfreiheit für die Christen
330	Einweihung der neuen Hauptstadt Konstantinopel
375	Einfall der Hunnen in Europa
379–395	Kaiser Theodosius letzter Gesamtherrscher – Christentum wird "Staatsreligion"
395	Teilung des Reiches in West- und Ostrom
406	Barbaren überschreiten in großer Zahl den Rhein und plündern Gallien
408	Ermordung des Heermeisters Stilicho
410	Einnahme Roms durch die Westgoten
451	Schlacht auf den Katalaunischen Feldern – Sieg Roms über die Hunnen unter Attila
451	Tod des Hunnenkönigs Attila – Zerfall des Hunnenreichs
466	Reichsgründung der Westgoten auf der iberischen Halbinsel
476	Der Heermeister Odoaker setzt den letzten Kaiser im Westreich, Romulus Augustulus, ab

Das Frankenreich

486–751	Frankenreich der Merowinger
482	Tod des Frankenkönigs Childerich
482–511	Childerichs Sohn Chlodwig König der Franken
486/487	Sieg der Franken über den römischen Machthaber und General Syagrius in Gallien
ca. 498–511	Chlodwigs Taufe mit einigen tausend Franken durch den Bischof Remigius von Reims
511	Tod Chlodwigs – Aufteilung des Frankenreiches unter Chlodwigs Söhne
ca. 550/560	Tod des Mönchsvaters Benedikt von Nursia
590–604	Pontifikat Gregors d. Gr.
um 600	Columban begründet das iro-fränkische Mönchtum
732	Sieg des Hausmeiers Karl Martell über die Araber bei Tours und Poitiers
ca. 680–751	Verfall des merowingischen Königtums – Aufstieg der karolingischen Hausmeier
751–911 (987)	Karolingisches Frankenreich
751	Staatsstreich – Erhebung des Hausmeiers Pippin zum Frankenkönig
754	Vertrag von Ponthion – Bündnis zwischen Papst und Frankenkönig – Tod des Bonifatius
768	Tod Pippins, Teilung des Reiches unter den Söhnen Karl und Karlmann
771	Tod Karlmanns – Alleinherrschaft Karls d. Gr.
ca. 772–800	Sachsenkriege Karls – Eingliederung der Sachsen ins Frankenreich Karl unterwirft das italische Langobardenreich und erwirbt die „Eiserne Krone" Sturz des Bayernherzogs Tassilo; Karls Spanienexpedition
795	Sieg der Franken über die Awaren

Chronik C

800 (25.12.)	Krönung Karls zum Kaiser in Rom
814	Tod Karls d. Gr. in Aachen – Kaiser Ludwig der Fromme folgt ihm nach
817–819	Aachener Reform von Klerus und Mönchtum
843	Vertrag von Verdun – Teilung des Karlsreichs zwischen Karl II., Lothar I. und Ludwig d. Dt.
886	Normannen belagern Paris
888	Tod Kaiser Karls III. – Ende der karolingischen Herrschaft in Italien und Burgund
seit 900	fast alljährlich Ungarneinfälle
911	Tod König Ludwigs IV. – Ende der karolingischen Herrschaft im ostfränkischen Reich
987	Ende der karolingischen Herrschaft im westfränkischen Reich

Die Formierung Europas

910	Gründung des Klosters Cluny
911	Vertrag König Karls des Einfältigen mit den Normannen – Ansiedlung in der Normandie
936	Krönung Ottos d. Gr. in Aachen
955	Sieg Ottos d. Gr. über die Ungarn auf dem Lechfeld bei Augsburg
962	Kaiserkrönung Ottos d. Gr. in Rom
987–996	Hugo Capet König von Frankreich
1002–1024	Kaiser Heinrich II. letzter Herrscher aus dem Hause der Ottonen

Zeitalter der Kirchenreform und der Kreuzzüge

1024–1039	Konrad II. erster Herrscher aus dem Hause der Salier
1016–1035	Knut d. Gr. König von Dänemark und England
1077–1122	Investiturstreit
1096	Erster Kreuzzug
1139–1152	Konrad III. erster Staufer auf dem Thron
1146	Bernhard von Clairvaux predigt den Kreuzzug
1159–1177	Schisma
1189	Kaiser Friedrich I. Barbarossa bricht zur Kreuzfahrt auf
1190	Tod Friedrichs I. Barbarossa in Kleinasien
1198	Doppelwahl Philipps von Schwaben und des Welfen Otto IV.
1204	Eroberung Konstantinopels durch die Kreuzfahrer
1250	Tod Kaiser Friedrichs II. – Interregnum

D Glossar

Abt
Aram. abba „Vater": Vorsteher eines Klosters.

Ammann
Herrschaftlicher Verwalter, Beamter.

Annalen
Jahrbücher, chronologisch geordnete Aufzeichnungen von Ereignissen.

Bader
Inhaber einer Badestube, Wundarzt.

Bann
Befehl, Verbot.

Barbaren
In der Sicht der antiken Griechen und Römer alle Menschen, die anderen Völkern angehörten.

Burgunder
Ostgermanisches Volk, das während der Völkerwanderungszeit in Burgund (heute Frankreich) ansässig wurde.

Diadem
Stirn- oder Kopfreif, Krone.

Fastenspeise
Lebensmittel, deren Verzehr während der Fastenzeiten erlaubt war (meist: Salzhering).

Franken
Westgermanisches Volk, das während der Völkerwanderungszeit in Nordgallien (heute Niederlande, Belgien, Frankreich) ansässig wurde.

Fronherr
Im Bergbau: Besitzer und Betreiber eines Bergwerkes.

Gelübde
Lat. „votum": Versprechen, Gelöbnis.

Götzen
Aus christlicher Sicht: heidnische Götter (und Heiligtümer).

Goten
Ostgermanische Völker in der Völkerwanderungszeit.

Harnisch
Panzer zum Schutz des Oberleibes.

Heller
Kleine Silbermünze (Pfennig), die den Namen nach ihrem Herkunftsort Schwäbisch-Hall trägt.

Huotmann
Im Bergbau: Aufseher in einem Bergwerk.

Insignien
Abzeichen staatlicher oder ständischer Macht und Würde.

Kämmerer
Hofamt („Schatzmeister").

Konvent
Im Kloster: Mönchsgemeinschaft, Gesamtheit der Mönche eines Klosters.

Langobarden
Ostgermanisches Volk, das 568 n. Chr. in Italien ansässig wurde.

Liudolfinger
Sächsisches Fürstenhaus und deutsche Herrscherdynastie.

Marschall
Hofamt („Stallmeister").

Metallurgie
Gewinnung von Metall aus Erzen.

Mundschenk
Hofamt.

Narde
Indisches Baldriangewächs mit würzig riechender Wurzel, verwendet zur Herstellung von Öl und Salbe.

Normannen
Sammelbezeichnung für „Menschen aus dem Norden (Skandinavien)".

Pfleger
Verwalter einer Stiftung oder einer caritativen Einrichtung.

Privileg
Ursprünglich vom König verliehenes Vorrecht.

Profess
Ordensgelübde.

Pruzzen
Volk im Gebiet zwischen Weichsel und Memel.

Renaissance
Allgemein: das neue Erleben der Antike („Wiedergeburt").

Sachsen
Germanisches Volk im Gebiet des heutigen Norddeutschlands.

Salier
Fürstenhaus, das zwischen 1024 und 1125 die römisch-deutschen Kaiser stellte.

Schmelzhütte
Anlage, in der aus Erz Metall hergestellt wird.

Schwertfeger
Waffenschmied.

Solidus
Gold- oder Silbermünze.

Stele
Säule, Pfeiler, insbesondere Grabsäule, Grabstein mit bildlicher Darstellung.

Stiftskirche
Kirche einer religiösen Gemeinschaft.

Stoiker
Vertreter der stoischen Philosophie; Mensch von unerschüttlichem Gleichmut.

Suprematie
Vorherrschaft, Oberhoheit.

Synode
Versammlung (von Bischöfen, Konzil).

Tross
Anhang, Gefolge.

Truchsess
Hofamt.

Tumulus
Grabhügel.

Verhau
Im Bergbau: Erzgrube, Tagebau.

Vogt
Lat. „advocatus", Vertreter oder Richter eines Fürsten.

Wandalen
Germanisches Volk, das während der Völkerwanderungszeit in Nordafrika ansässig wurde.

Welsche Güter
Güter aus dem Mittelmeergebiet.

Wik
Unbefestigter Handelsplatz (Emporion).

Zinnen
Scharten auf der Krone von Stadt-, Burg- und Klostermauern.

Unterrichtshilfen

1. Vom römischen Weltreich zum frühmittelalterlichen Europa

Einführung
Wann beginnt das Mittelalter? Auf diese simple Frage gibt es keine klare Antwort. Epochengrenzen haben die Späteren gesetzt – vor allem die Historiographen, die ihr Material aus der Rückschau mithilfe von Epochen zu strukturieren suchen. So wurde das Mittelalter (medium aevum) erst in der Neuzeit als solches definiert, und zwar nach der Periode der Renaissance und des Humanismus und in verächtlicher Absetzung gegenüber der Antike und der Frühneuzeit. Bis heute gelang in den historischen Wissenschaften keine verbindliche Einigung auch nur auf eine einheitliche chronologische Eingrenzung des Mittelalters. Manche wollen es schon mit Kaiser Konstantin d. Gr. (306–337), andere wiederum erst mit Karl d. Gr. (768–814) beginnen lassen, und ähnlich verhält es sich mit seinem Ende. Die mittelalterlichen Menschen wähnten sich andererseits bis nach der Jahrtausendwende gleichsam noch „in der Antike". Diese Einheit berührt die Epochenproblematik nicht ausdrücklich, doch schwingt diese sozusagen implizit mit, wenn die Periode des Umbruchs vom römischen Imperium über die Völkerwanderung bis hin zum Aufstieg des Frankenreichs im europäischen Rahmen behandelt wird. Der Zerfall der römischen Mittelmeerwelt und die Formierung Alteuropas bzw. der europäischen Staatenwelt sind Grund- und Hauptthemen der Geschichte des ersten Jahrtausends unserer Zeitrechnung.

Didaktische Hinweise
Das Miteinander und Gegeneinander von Römern und Barbaren bildet eine historische Kernsituation, die von den Schülern im Unterricht konkret nachgestellt und nachvollzogen werden kann (Rollenspiel). Eine zweite Zugangsmöglichkeit bietet sich über den Europa-Aspekt an. Langfristig wird römische Identität von „europäischer" Identität abgelöst, aus großen Teilen des antiken römischen Westens erwächst das mittelalterliche Europa.

Zu den Materialien

Übersicht

Themen	Methoden	Materialien
Das spätantike Reich und seine Nachbarn	Bildbetrachtung. Aufgaben Kartenarbeit, Aufgaben	M 1.1 M 1.2
Rom und die Barbaren	Textanalyse Bildbetrachtung, Aufgaben Bildbetrachtung, Aufgaben	M 1.3 M 1.4 M 1.5
Angriffe der Germanen	Textanalyse, Aufgaben Bildbetrachtung, Aufgaben	M 1.6 M 1.7
Barbarisierung der nordwestlichen römischen Provinzen	Bildbetrachtung Bildbetrachtung, Aufgaben	M 1.8 M 1.9

M 1.1 Kaiser Mark Aurel in Rom (161–180) – die Tetrarchen in Venedig (um 300)
Das imposante Reiterstandbild des Mark Aurel, eines der letzten römischen Imperatoren von Geltung, befindet sich auf dem Kapitol in Rom. Vor einigen Jahren hat es Schlagzeilen gemacht, weil es zwecks Restaurierung zunächst für längere Zeit von dem vertrauten Standort entfernt und dort dann schließlich durch eine Replik ersetzt wurde. Mark Aurel ist hier einerseits natürlich als Kaiser und Imperator, als Feldherr und oberster militärischer Befehlshaber dargestellt, andererseits aber auch als Stoiker und Praktizierender der griechischen Philosophenschule der Stoa. Der Stoiker auf dem Kaiserthron – wie er gerne bezeichnet wird – und Autor der „Selbstbetrachtungen", einer philosophischen Schrift, tut seine Konfession kund in Gestus und Haartracht, die ihn als griechischen Philosophen erscheinen lassen.
Ein höchst interessantes Beutestück aus Konstantinopel haben die Venezianer nach der Eroberung der byzantinischen Kaiser- und Residenzstadt durch die Kreuzfahrer unter venezianischer Führung an der Fassade der Markusbasilika in Venedig angebracht: ein Bildnis der Tetrarchen, d. h. der vier gemeinsam um 300 herrschenden Kaiser Diokletian, Maximian, Galerius, Constantius

E Unterrichtshilfen

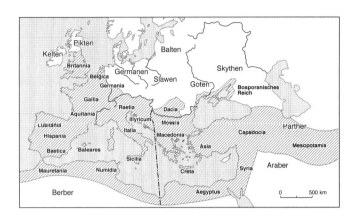

I. Chlorus, gearbeitet aus dem später ganz dem kaiserlichen Hause vorbehaltenen Porphyr, einem dunkelroten Marmor.
Im Vergleich des Reiterstandbildes von Mark Aurel und den venezianischen Tetrarchen werden unmittelbar die Entwicklungen im Römischen Reich in der Zeitspanne von Mark Aurel im 2. bis Diokletian an der Wende vom 3. zum 4. Jahrhundert erkennbar. War Mark Aurel noch ein unumstrittener Alleinherrscher, der es sich leisten konnte, seinem stoischen Lebenswandel nachzugehen, so hat solche Geltung keiner der späteren Kaiser mehr erlangt (auch Konstantin nicht, dessen historische Geltung vor allem auf seiner Konversion und Haltung zu den Christen basiert). Das Bildnis der Tetrarchen bringt auf höchst eindrückliche Weise die strukturelle und gesellschaftliche Krisensituation im überdehnten Römerreich zum Ausdruck.

Lösung der Aufgaben
a) Mark Aurel ist dargestellt als individueller, souveräner Herrscher, der keiner weiteren äußeren Zeichen seiner Macht bedarf, während die Tetrarchen bis an die Zähne bewaffnet sind und außerdem Diademe als Zeichen ihres Herrschaftsanspruchs tragen.
b) Die fortschreitende Erosion des römischen Imperiums kommt in der demonstrativ durch die wechselseitigen Umarmungen ausgedrückten Einigkeit des Kollegiums zum Ausdruck.

M 1.2 Das spätantike Imperium Romanum und die Nachbarvölker (um 400)
Gegen Ende des 4. Jahrhunderts spaltete sich das Imperium Romanum unter Kaiser Theodosius endgültig in einen westlichen und einen östlichen Teil. Im Westen zerfiel in der Folgezeit (476 Ende des letzten Westkaisers) die antike Staatlichkeit, während das oströmische Imperium (Byzanz) bis zur Eroberung Konstantinopels durch die Türken 1453 Bestand hatte. Der staatlichen Auseinanderentwicklung folgte die Spaltung des Christentums in die römische Papstkirche im Westen und die Orthodoxie im Osten.

Lösung der Aufgaben
a) Es umfasste den gesamten Umkreis des Mittelmeeres.
b) Westrom: Großbritannien, Frankreich, Spanien, Portugal, Teile Deutschlands, Italien, Schweiz, Österreich, Slowenien, Kroatien. Ostrom: Albanien, Serbien (Jugoslawien), Mazedonien, Griechenland, Bulgarien, Rumänien, Teile der Türkei.
c) Infolge der kirchlichen Zugehörigkeit; unterschiedliche Schriften.
d) Muslime (Albaner, Bosnier) nicht berücksichtigt.

M 1.3 Aus dem Bericht des Tacitus über die Germanen (98 n. Chr.)
Tacitus beschrieb die politische Organisation, Religion, Kultur und Lebensweise der (aus römischer Sicht) barbarischen Germanen am ausführlichsten unter den antiken Autoren. Er tat das kenntnisreich und mit nicht geringer Sympathie, und seine „Germania" war nicht zuletzt dazu bestimmt, das römische Publikum zur Rückbesinnung auf die eigenen traditionellen Tugenden zu veranlassen. Der Text wird hier gekürzt wiedergegeben.

M 1.4 Kaiser Marc Aurels Sieg über die Markomannen
Das Relief, das heute im Konservatorenpalast in Rom aufbewahrt wird, stammt von einem zerstörten Triumphbogen und zeigt, wie sich dem Kaiser Mark Aurel (161–180) besiegte Barbaren (Markomannen) unterwerfen müssen und ihn um Frieden bitten.

Lösung der Aufgaben
a) Sie sind tapfer und kühn, kriegerisch, ihren Führern treu, ein unruhiges Volk und im Lebenszuschnitt genügsam. Außerdem befinden sie sich stets unter Waffen.
Zu ihren Zielen gehört es, sich nicht durch andere an Tapferkeit übertreffen zu lassen, und beständig Krieg zu führen, da sie so ihren Lebensunterhalt bestreiten.
b) Sie waren politisch vor allem in Krieger-Gefolgschaften unter „Gefolgschaftsherren" organisiert und wählten sich ihre Könige und Heerführer selbst.
c) Weil sie durch die gesamte Spätantike hindurch ausgedehnte Züge bis in die eigentlich friedlichen Kernregionen des Römerreichs unternahmen.
d) Um Gnade flehend; mit gebundenen Händen.

M 1.5 Stilicho als römischer Oberbefehlshaber (401); Lebenslauf des Stilicho

Stilicho war von Herkunft Wandale und kann als Paradebeispiel für die zunehmende Durchsetzung des römischen Militärs mit Barbaren, insbesondere Germanen wie Goten, Wandalen, Alemannen und Franken, gelten. Nicht wenige dieser Germanen machten Karriere in der Armee und fanden so Zugang zu der römischen Oberschicht. Auf dem aus Elfenbein gearbeiteten Diptychon (aufklappbares Schreibtäfelchen), das Stilicho, wie es üblich war, zum Antritt seines Konsulats (daher „Konsulardiptychon") erhielt, ist er neben seiner Frau, einer Nichte des Kaisers Theodosius I., und seinem Sohn als römischer General dargestellt. Das Stück wird im Domschatz von Monza aufbewahrt

Lösung der Aufgaben
a) An der römischen „Offiziersuniform", Bewaffnung und Haartracht; Stilicho ist als römischer General dargestellt.
b) Diejenigen, die von Rom gebraucht wurden und Soldaten aus ihrer Heimat mitbrachten, gliederte man in die römische Gesellschaft ein, andere, beispielsweise Kriegsgefangene, wurden versklavt.

M 1.6 Chrocus in Gallien

Im Jahre 406 drang ein bunter Haufen von Alanen, Goten, Wandalen und Sueben über den winters zugefrorenen Rhein nach Gallien ein, wo sie plündernd mehrere Jahre durch die Lande zogen, um sich schließlich an unterschiedlichen Orten im Westen Galliens bzw. auf der Iberischen Halbinsel niederzulassen und Reiche zu begründen. Aus diesem historischen Zusammenhang scheint die Geschichte des Wandalenkönigs Chrocus genommen zu sein, die rund zwei Jahrhunderte später der sog. Fredegar in seiner Chronik (II/60) verarbeitete. Der Text wurde leicht gekürzt.

Lösung der Aufgaben
a) Der Autor versucht seinem Publikum die eigentlich kaum verständlichen Taten des Wandalenkönigs näherzubringen, indem er (manchmal sehr fantasievolle) Erklärungen beifügt. Zum Schluss erleidet Chrocus die „gerechte Strafe" für seine „Missetaten" im Imperium Romanum.
b) Die Römer errichten großartige Bauten und Städte, die Barbaren zerstören sie ohne Sinn und Verstand. Die Römer verfügen über Ruhm, die Germanen suchen solchen mit allen Mitteln, aber vergeblich, zu erlangen.
c) Weil diese im Innern des Römischen Reiches selten von festen Mauern umgeben waren bzw. vorhandene Mauern „wie von selbst" einstürzten, d. h. für Angreifer leicht zu überwinden waren.
d) Die sinn- und gedankenlose Beschädigung und Zerstörung von Gegenständen.

M 1.7 Beute barbarischer Plünderzüge aus dem Rhein bei Neupotz

Bei Kiesbaggerarbeiten bei Neupotz/Rheinzabern, Rheinland-Pfalz, wurden aus einem verlandeten Rheinarm

mehrere Wagenladungen römischer Metallgegenstände gehoben, die offenbar von Plünderungen im linksrheinischen Gebiet, dem damaligen römischen Gallien, stammen. Der gesamte Fund wird heute in einem eigens dafür eingerichteten Museum gezeigt und illustriert auf eindrückliche Weise die zahlreichen Nachrichten über Einfälle und Beutezüge von Barbaren auf Reichsgebiet.

Lösung der Aufgaben
a) Weil sie selbst aufgrund mangelnder Technik große Mühe hatten, Rohmetalle zu produzieren.
b) Ja, denn Gegenstände aus anderen Materialien begegnen im Ganzen dieses Fundes so gut wie nicht.

M 1.8 Childerich und ein fränkischer Krieger

Anhand der geborgenen Reste und Funde aus dem Grab (M 1.9) konnte der Versuch unternommen werden, Childerichs äußere Erscheinung zu rekonstruieren. Das Ergebnis ist hier neben die ebenfalls rekonstruierte Gestalt eines gewöhnlichen fränkischen Kriegers jener Zeit gestellt. Aus dem Vergleich ergeben sich zahlreiche Ansatzpunkte für weiterführende Feststellungen und Fragen.

M 1.9 Childerich-Grab und Siegelring aus dem Grab

Childerich, der bei Gregor von Tours, dem bedeutendsten Geschichtsschreiber der fränkischen Frühzeit, in mehreren Anekdoten erwähnt wird, war einer unter einer ganzen Reihe von fränkischen Kleinkönigen, die sich im Verlauf des späten 4. und vor allem dann des 5. Jahrhunderts mit ihren Kriegern und Gefolgschaften im nördlichen Gallien festsetzten. Childerichs Erbe und Sohn war Chlodwig (= Ludwig), der berühmte erste König aller Franken (ca. 482-511), der nicht nur den römischen Oberbefehlshaber Syagrius besiegte, sondern auch – wenn den Berichten Gregors Glauben zu schenken ist – die übrigen Frankenkönige unterwarf bzw. beseitigte. Childerichs spektakuläres Grab vor den Mauern des belgischen Tournai erregte bereits bei seiner ersten Entdeckung im Jahre 1653 Aufsehen, denn eines der Fund-

E Unterrichtshilfen

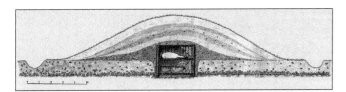
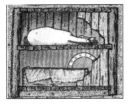

stücke war ein goldener Siegelring, dessen Aufschrift CHILDIRICI REGIS die Identifizierung des Bestatteten ermöglichte. Nachgrabungen in unserer Zeit zeigten zudem auf, dass der Frankenkönig in einer aus Holz gezimmerten Kammer unter einem Tumulus von beachtlicher Größe und im Kreise von zahlreichen, eigens zu diesem Zweck getöteten Pferden seine letzte Ruhe fand.

Lösung der Aufgaben
a) Er trägt mit Brustpanzer und Militärmantel, zusammengehalten von einer goldenen Zwiebelknopffibel, die Kleidung der hohen römischen Offiziere mit Elementen aus dem Kreis der oströmischen Hofbeamten und verfügt auch über die für erstere typische traditionelle Bewaffnung mit Schwert, Pilum (Lanze) und Schild.
b) Fränkische Eigenheiten sind vor allem das vor den Bauch geschnallte einschneidige Kurzschwert (Sax) und die Streitaxt (Franziska).
c) Grube für Kammer, Kammer unten: der König gebettet mit Kleidung und Waffen, oben in der Kammer sein liebstes/bestes Reitpferd, dann erst kleiner Hügel bis Oberkante Kammer angeschüttet, schließlich Überschüttung des ganzen Hügels.
d) Inschrift mit Titel auf dem Siegelring.
e) Damit sie beim Eindrücken des Siegelrings in das Siegelwachs lesbar wurde (vgl. moderne Stempel).

Sachbücher zum Thema Völkerwanderungszeit und speziell zu den Franken sind:
Die Franken, Wegbereiter Europas. Vor 1500 Jahren: König Chlodwig und seine Erben/Les Francs: Pionniers de l'Europe. Mannheim, Reiss-Museum 8. Sept. 1996 bis 6. Jan. 1997. Mainz 1996, 2 Bde.;
Patrick J. Geary, Europäische Völker im frühen Mittelalter, Frankfurt am Main 2002;
Reinhold Kaiser, Die Franken – Roms Erben und Wegbereiter Europas?, Idstein 1997;
Roland Machatschke, Völkerwanderung, Wien 1994;
Malcolm Todd, Die Zeit der Völkerwanderung, Stuttgart 2002.

2. Christianisierung und Mission

Einführung
Christianisierung und Mission bilden ein zentrales Thema europäischer Geschichte des Mittelalters, das von der Bekehrung der sich damals in der Auseinandersetzung mit den Römern formierenden Völker über Karls des Großen Unterwerfung der Sachsen, die hochmittelalterliche Ostkolonisation bis hin zur Errichtung des Ordensstaates bei den Pruzzen reicht. Hier wurden als Beispiele die Christianisierung der frühen Franken unter König Chlodwig und der rechtsrheinischen fränkischen Ostprovinzen durch Bonifatius gewählt.

Didaktische Hinweise
Die Vermittlung des Themas „Christianisierung und Mission im Mittelalter" in der Schule stößt auf immer größere Schwierigkeiten, weil den Schülern heute vielfach die Erfahrung gelebten Christentums fehlt. Trotzdem bleiben aber solche Erfahrungen eigentlich für das Verständnis mittelalterlicher Geschichte grundlegend und sind eine Voraussetzung dafür.

Zu den Materialien

Übersicht

Themen	Methoden	Materialien
König Chlodwigs Taufe	Bildbetrachtung Textanalyse, Aufgaben	M 2.1 M 2.2
Chlodwig und der heilige Martin	Textanalyse Bildbetrachtung Textanalyse, Aufgaben	M 2.3 M 2.4 M 2.5
Mission und Christianisierung: Bonifatius	Textanalyse Textanalyse Bildbetrachtung, Aufgaben	M 2.6 M 2.7 M 2.8

M 2.1 Ein Altarbild aus Reims (17. Jahrhundert)

Das Bild auf einem Seitenaltar in der Kathedrale zu Reims verdankt seine Existenz den Traditionen des französischen Königtums. Reims war seit hochmittelalterlicher Zeit Krönungsstadt und geistliches Zentrum der Monarchie, die sich nicht zuletzt auf den alten Frankenkönig Chlodwig (ca. 482-511) als ersten Monarchen Frankreichs berief. Um die zentrale Darstellung der Taufe Christi im Jordan gruppieren sich links die Taufe Konstantins des Großen (303–337), die dieser gemäß seiner Lebensbeschreibung und der Silvesterlegende in seinen letzten Tagen genommen haben soll, und schließlich rechts die Taufe des Frankenkönigs Chlodwig durch Bischof Remigius von Reims.

M 2.2 König Chlodwigs Taufe (um 500)

Gregor war ein Romane gehobenen, wohl senatorischen Standes, und wirkte als Bischof von Tours, der Stadt des hl. Martin. Seine „Zehn Bücher Geschichten" stellen die wichtigste historiographische Quelle zur älteren fränkischen Geschichte dar. Das bedeutet auch, dass wir selten anhand anderer Chroniken kontrollieren können, wie gut Gregor über das Wirken der Könige Childerich und Chlodwig, über die er aus einem Abstand von einem guten halben Jahrhundert berichtet, informiert war. Dies gilt in eklatanter Weise für die anekdotenreiche Geschichte von Chlodwigs Taufe, über deren Datum und nähere Umstände wegen den schwammigen und mehrdeutigen Angaben Gregors bis heute gerätselt wird. Gregors Bericht hat dennoch mit seiner Aussage, Chlodwigs Taufe sei der „Bekehrung" Kaiser Konstantins gleichzuhalten, das Geschichtsbild der Späteren entscheidend geprägt. Bereits seit dem 10. Jahrhundert sind bildliche Darstellungen dieses Aktes belegt. Gregors Bericht ist gekürzt wiedergegeben.

Lösung der Aufgaben
a) Schritte der Bekehrung König Chlodwigs: Drängen der Königin; Anrufung Gottes auf dem Schlachtfeld und Bitte um den Sieg (wie Konstantin); der durch seinen mit Hilfe des von ihm angeflehten Christengottes erfochtenen Sieg schon fast überzeugte König wird weiter durch die Königin zur Taufe gedrängt.
b) Chlodwig wandte gegen die Taufe ein, sein Volk, d.h. die Franken würden es nicht dulden, wenn er vom „Götzendienst" ablasse.
c) Vor allem die Abschnitte, in denen die Königin bzw. das Volk der Franken auftritt.
d) Die Taufe Christi durch Johannes im Jordan bildete das allgemeinverständliche Vorbild für die Taufe bzw. Bekehrung von Kaiser Konstantin und dann auch von König Chlodwig. Damit wird ferner die geschichtliche Bedeutung der Taufe Chlodwigs hervorgehoben.

M 2.3 Verehrung des hl. Martins durch König Chlodwig (507)

Martin war Bischof von Tours und zählt zu den zentralen Gestalten des frühen Christentums in Europa. Kaum eine andere Heiligengestalt reicht an seinen Bekanntheitsgrad heran. Die weit verbreiteten Martinsritte und Martinszüge am 11. November sprechen für sich. Zu der weiten Ausstrahlung des Martinskultes hat weniger Martins Wirken in seiner Bischofsstadt Tours als vielmehr die schon früh einsetzende Verehrung der fränkischen Könige aus dem Haus der Merowinger geführt. Es dürfte bereits zu Zeiten Chlodwigs geschehen sein, dass der Mantel Martins, den er für einen frierenden Bettler mit dem Schwert teilte, zur zentralen Reliquie des königlichen Hofes wurde. Von diesem Mantel, lat. „cappa", leitet sich beispielsweise die Bezeichnung „Hofkapelle" für das Klerikerkollegium am Königshof her, und die Expansion des Frankenreiches über große Teile West- und Mitteleuropas zog eine entsprechende Verbreitung des Martinskultes nach sich. Mit dem vorliegenden Bericht aus der Feder des bereits erwähnten Gregor von Tours stehen wir am veritablen Beginn dieser Verehrung: König Chlodwig feiert in Tours seinen Sieg über die Goten mit einem Triumphzug, der ihn von der Bischofskirche in der Stadt in die vor den Toren von Tours gelegene Martinsbasilika mit dem Grab des Heiligen führt.

M 2.4 Die Teilung des Mantels

Die Episode mit der Teilung des Mantels steht in Martins Lebensbeschreibung aus der Feder des Sulpicius Severus ganz am Anfang und erfüllt dort die Funktion des Auftakts zur Bekehrung (conversio) Martins. Welche Wirkung die Geschichte seit dem frühen Mittelalter entfaltet hat und wie stark sie im Volke rezipiert worden ist, zeigen die seit dem 10. Jahrhundert bezeugten bildlichen Darstellungen wie die vorliegende aus einem Fuldaer Sakramentar.

M 2.5 Martinslegenden

Es wird angeregt, in diesem Kontext ausgewählte Episoden aus dem großen Schatz der Martinslegenden in den Unterricht einzubringen. Über die Legenden orientiert die unten angegebene Literatur.

Lösung der Aufgaben
a) Um seinen Sieg über die Goten zu feiern.
b) Weil diese in ihrer Not bei ihm Rat und Hilfe suchten und weil sie glaubten, Martin würde ihnen ähnlich großzügig helfen wie er es bei dem armen Bettler getan hatte.
c) Indem viele Menschen am Martinstag an ihn denken.
d) Lächerlich und dumm.

E Unterrichtshilfen

M 2.6 Richtlinien für die Bekehrten
Bonifatius gilt als Apostel und Glaubensbote der Deutschen. Tatsächlich hat er aber weniger den christlichen Glauben ins damalige Ostfrankenreich gebracht als vielmehr die dort erst ansatzweise vorhandenen kirchlichen Strukturen ausgestaltet („Kirchenorganisation"). So richtete er im heutigen Franken und Hessen Bistümer ein und weihte dort Priester; die im Text M 2.7 erwähnte Gründung von Klöstern weist ebenfalls auf bereits vorhandenes Christentum hin. In den Rahmen seines Wirkens bei den Hessen und Thüringern gehört das vorliegende Schreiben aus den Jahren um 732, mit dem der Papst auf eine vorausgegangene Anfrage des Bonifatius antwortet und ihm aus römischer Sicht Ratschläge für seine Arbeit in Hessen erteilt.

M 2.7 Die Donareiche bei den Hessen (um 730)
Die bekannte Episode ist aus Willibalds Lebensbeschreibung des Bonifatius entnommen.
Der Text wurde leicht gekürzt.

M 2.8 Ein Bild aus dem Leben des Bonifatius

Die Miniatur aus einem Fuldaer Sakramentar des 10. Jahrhunderts – Fulda war das Grabkloster des Bonifatius – fasst das Leben des Heiligen in zwei prägnanten Szenen zusammen, die im Bildfeld durch eine Säule geschieden werden. Der Bezugspunkt ist hier nicht Bonifatius' Wirken in Hessen, sondern die von ihm gegen Ende seines Lebens unternommene Reise zu den Friesen, wo er nochmals richtiggehende Missionsarbeit unter den Heiden leistete. Links vollzieht er eine Taufe, und in der Szene im Bild rechts erleidet er, drastisch dargestellt, den Märtyrertod durch das Schwert eines heidnischen Friesen.

Lösung der Aufgaben
a) Als heidnisch galt, Bäumen und Quellen zu opfern, Seherei und Wahrsagerei, Losdeuten und Zauberwahn, Amulette, Zeichendeuterei.
b) Weil das nicht mit den christlichen Sitten vereinbar war und als „Götzendienst" angesehen wurde, denn beispielsweise bei den Sachsen war das Pferd auch Opfertier und wurde den heidnischen Gottheiten geopfert.
c) Weil es bis heute bei uns nicht allgemein üblich ist, Pferdefleisch zu essen.
d) Links tauft Bonifatius einen Heiden, rechts erleidet er das Martyrium.
e) An seinem Heiligenschein.
f) Jupiter war in Entsprechung hierzu die höchste Gottheit der heidnischen Römer, und da der Text die kirchliche und damit römisch geprägte Sicht der Dinge vertritt, wird Odin mit Jupiter gleichgesetzt.
g) Beispielsweise Wahrsagerei, die Zeichendeuterei in Form der Sterndeutung und des Horoskop. Auch werden heute noch Amulette getragen.

Sachbücher zum Thema Christianisierung und zur Martinslegende sind:
Arnold Angenendt, Das Frühmittelalter. Die abendländische Christenheit von 400 bis 900
Ulrich Müller/Werner Wunderlich, Herrscher, Helden, Heilige. Mittelaltermythen 1, St. Gallen [2]2001;
Edda Singrün-Zorn, Das Ogham-Buch der Legenden, Dornach/Schweiz 1995;
Der Drache mit den sieben Köpfen. Geschichten zu Michaeli, Sankt Martin und Nikolaus, Stuttgart [3]1995.

3. Im Kloster

Einführung
Die neue, in den Wüsten des spätantiken Ägyptens und Syriens entstandene Lebensform des Mönchtums wurde bald auch im Abendland fleißig aufgegriffen, aber unter den nicht wenigen Richtungen und Strömungen – beispielsweise das Rhône-Mönchtum (Lérins, Honoratus), das martinische (Martin von Tours) und das irofränkische Mönchtum (Columban d. J.) – setzte sich auf längere Sicht nur die Benediktsregel durch, die unter den Kaisern Karl dem Großen (768–814) und Ludwig dem Frommen (814–840) zur einzig gültigen Regel im Reich der Franken erklärt und im gleichen Zuge (Reform von Aachen 817) auch von Staats wegen umfassend ausgestaltet wurde. Neben der unmittelbar einsichtigen hohen Bedeutung der Mönche im Rahmen des religiösen und kirchlichen Lebens werden hier vor allem zwei weltliche Bereiche des mittelalterlichen Lebens beleuchtet, die ohne die Mönche kaum vorstellbar sind: die Klöster als Zentren von Wirtschaft und geistigem Leben und der Bereich Bildung und Schule, der im früheren Mittelalter nahezu ausschließlich in den Klöstern angesiedelt war.

Didaktische Hinweise
Mit dem klösterlichen Tageslauf, der in direkten Vergleich zum Tagesablauf der Schüler und Schülerinnen gesetzt werden kann, ist die Möglichkeit gegeben, unmittelbar an den Erfahrungshorizont der Schüler und Schülerinnen anzuknüpfen.

Unterrichtshilfen E

Zu den Materialien

Übersicht

Themen	Methoden	Materialien
Klostergebäude und Klosterwirtschaft	Bildbetrachtung, Aufgabe Textanalyse, Aufgaben Textanalyse, Aufgaben	M 3.1 M 3.2 M 3.3
Leben im Kloster	Textanalyse, Aufgaben Textanalyse Bildbetrachtung, Aufgaben	M 3.4 M 3.5 M 3.6
In der Schule	Bildbetrachtung, Aufgaben Textanalyse, Aufgaben	M 3.7 M 3.8
Schreiben und Schrift	Textanalyse Bildbetrachtung, Aufgaben Bildbetrachtung, Aufgaben	M 3.9 M 3.10 M 3.11

M 3.1 Modell und Grundriss eines Klosters (um 830)

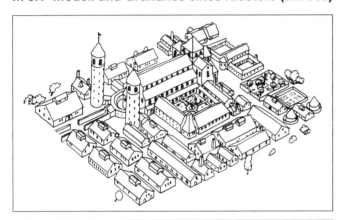

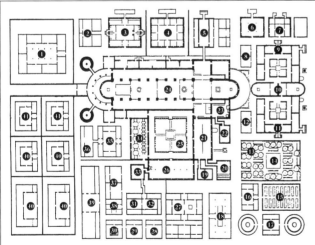

Der Grundriss eines ganzen frühmittelalterlichen Klosters, auf dem die Materialien aufbauen, wird inmitten zahlreicher Bücher aus alter Zeit in der Stiftsbibliothek St. Gallen aufbewahrt. Angefertigt in den Jahren um 830 im Kloster Reichenau als Ideenskizze für den Abt und die Mönche von St. Gallen, ist er ist in seiner Art ein singuläres Dokument. Die Angaben zur Funktion der einzelnen Gebäude und Einrichtungen des Klosters sind den mehr als dreihundert originalen Beischriften direkt und unmissverständlich zu entnehmen; sie verleihen dem Plan eine für seine Entstehungszeit beispiellose Anschaulichkeit. Die Umsetzung von Angaben auf der Grundrisszeichnung in die rekonstruierten Elemente des Modells stellt hohe Anforderungen, doch scheint dies ein interessanter didaktischer Ansatzpunkt zu sein, besonders auch wegen den zahlreichen Aspekten, die sich aus der Gestaltung und Anordnung unmittelbar ergeben. Es empfiehlt sich, zunächst zu klären, in welchen Bereichen des Klosters die Mönche lebten und dieses zu verbinden mit der Worterklärung „Kloster" (Kloster, Klausur < lat. claustrum = das Abgeschlossene). Desweiteren könnte versucht werden, den vorgeschriebenen Tagesablauf im Kloster (M 3.4) auf dem Plan nachzuvollziehen.

Lösung der Aufgaben
a) Kirche und Gebäude der Mönche (einschließlich des Abtes): 5-6, 8-12, 14, 19-26, 33-34. –
Versorgung (der Mönche): 7, 13, 15-18, 28-32, 38-41. –
Handwerk: 27, 37. – Pilger und Gäste: 1-4, 35-36.

M 3.2 An der Klosterpforte
Der Text stammt aus dem wichtigen Kapitel 66 der Benediktsregel, das den Brüdern im Kloster besonders häufig vorgelesen werden sollte, weil es sie an die Einhaltung des Gelübdes der Beständigkeit erinnern sollte. Der mönchische Lebensradius endete demgemäß an den Mauern der Klausur.

Lösung der Aufgaben
a) Damit die Mönche gemäß den Vorschriften in der Benediktsregel „nicht draußen herumlaufen". Demgemäß sollte ein Kloster so angelegt sein, dass sich alles zum Leben der Mönche Notwendige innerhalb der Klostermauern befindet.
b) Vor allem Bier und Brot, Obst, Gemüse, Kräuter, aber auch Kleidung, Schuhe und andere handwerkliche Er-

E Unterrichtshilfen

zeugnisse des täglichen Bedarfs in den Werkstätten. Die Erzeugung von Bier und Brot im Kloster war besonders wichtig, weil die Mönche laut Benediktsregel einen Anspruch auf eine tägliche Ration beider Grundnahrungsmittel hatten.
c) Beispielsweise Getreide, Milch und Milchprodukte wie Käse, Wein, Öl (Speisefett und Brennstoff für Lampen), Holz (Brennstoff und Baumaterial), und vieles andere mehr.
d) Die Werkstätten der Schwertfeger, Schildmacher usw. dienten u.a. der standesgemäßen Ausstattung des Abtes, der ja auch Adliger war und als solcher über Reitpferd, Waffen und Rüstung verfügen können musste.
e) Beispielsweise Stiftsbräu (Bier), Trappistenkäse, Klosterfrau-Melissengeist (Kräuterschnaps). Solche Produkte signalisieren, dass sie deshalb besonders gut seien, weil sie aus einem Kloster kommen.

M 3.3 Abgaben für ein Kloster

Die mittelalterlichen Mönche lebten im Unterschied zu den Aussagen in Kapitel 66 der Benediktsregel (M 3.2) nicht von dem, was sie mit eigener Hände Arbeit und im Kloster selbst produziert hätten. Solche Art von Arbeit wäre für die Mönche, die fast ausschließlich dem Adelsstande angehörten, nicht standesgemäß gewesen. Die Klöster lebten vielmehr von den Abgaben und Diensten Abhängiger, die die ausgedehnten Klostergüter bewirtschaften mussten. Zahlreiche Urbare (Güterverzeichnisse) und Poliptychen (Abgaben- bzw. Einkünfteverzeichnisse) von Klöstern sind erhalten geblieben und geben genauen Einblick in die einzelnen Wirtschaftseinheiten (Villikationen), die meist weit verstreut lagen. Hier wurde ein Eintrag im Urbar des hessischen Klosters Lorsch an der Bergstraße aus dem 9. Jahrhundert ausgewählt, das die Einkünfte und Fronen des Klosters Lorsch im Dorf Nierstein am Rhein verzeichnet. Die Abhängigen oder Klosterleute werden im Text nach ihrem rechtlichen Status in zwei Gruppen unterschieden: in „Freie" und „Hörige", deren Leistungen für das Kloster sich deutlich unterscheiden.

Lösung der Aufgabe

Verpflichtungen der FREIEN:	der HÖRIGEN:
Zinse	*Zinse*
5 Scheffel Gerste	1 Ferkel (zu 4 Pfennig)
1 Pfund Flachs	–
4 Pfennig	2 Unzen (teils Ablösung einer Fron)
1 Huhn	2 Hühner (teils Ablösung einer Fron)
10 Eier	20 Eier (teils Ablösung einer Fron)
7 Fuder Brennholz (5 davon aus Fron)	1 Fuder Brennholz (ursprünglich aus Frondienst)
Fronen	*Fronen*
4 Wochen im Jahr	3 Tage je Woche
1 Joch Acker pflügen je Aussaat	4 Tage Herrenland pflügen (ohne Futter für die Zugtiere)
davon die Frucht einbringen	Getreide mahlen
Fronen	*Fronen*
3 Tage Getreide schneiden	Grütze bereiten
2 Tage Wiesen mähen	Zäune und Scheunen streichen
2 Tage Heu machen	5 Schweine winters füttern
2 Fuder Heu einfahren	1 Kuh winters füttern
1 Pferd geben	–
Kriegsdienst leisten	–
5 Fuder Kalkstein transportieren	–
jederzeit Botengänge im Reich erledigen	–

M 3.4 Ein Tag in einem Benediktinerkloster

Der Tag lief in allen frühmittelalterlichen Klöstern Europas im großen und ganzen gleich ab – so, wie es die Regel Benedikts, ergänzt durch regionale Bräuche („*consuetudines*"), vorschrieb. Gegliedert wurde der Tageslauf durch acht „Tagzeiten" oder „Offizien", die das Grundgerüst abgaben. Die genauen Zeiten waren durch saisonale Regelungen (Sommer- und Winterhalbjahr) vorgegeben und verschoben sich nach Maßgabe von Tagesanbruch und Abenddämmerung. Hier wurde als Beispiel ein Tageslauf im Frühsommer gewählt.

Lösung der Aufgaben
a) Weil die Sprache der Mönche bei Gebet, Studium und Gottesdienst das Latein war.
b) In den Zwischenräumen, welche die Offizien als Pausen ließen. Die Mönche verrichteten im Allgemeinen keine körperliche Arbeit, sondern übten sich im Studium der biblischen und theologischen Schriften sowie im Schreiben von entsprechenden Texten, wofür allerdings wenig Zeit blieb. Noch weniger Zeit stand für die lebensnotwendigen Verrichtungen wie Essen, Schlafen und Körperpflege zur Verfügung.
c) Mindestens acht Stunden am Tag, doch fielen die Gebetszeiten in der Kirche manchmal auch länger aus.

M 3.5 Die Mönchsgelübde

Die Regel Benedikts von Nursia/Mittelitalien (ca. 480–560) bildete das „Grundgesetz" des mittelalterlichen Mönchtums im Abendland bis zur Etablierung neuer Orden, wie beispielsweise der Dominikaner oder der Franziskaner im 12. bzw. 13. Jahrhundert. Kapitel 58 der Regel schreibt den „Initiationsritus" der sogenannten Profess, also die Aufnahme ins Kloster mit allen Pflichten und Rechten eines Mönchs, für alle Benediktiner genauestens und verbindlich vor. In Dokumenten wie dem Professbuch der mittelalterlichen Benediktinerabtei St. Gallen blieben schriftliche Professurkunden, wie sie Benedikt von seinen Mönchen forderte, im Original aus der Zeit um 850 erhalten.

M 3.6 Drei Urkunden über Mönchsgelübde aus dem Kloster St. Gallen (9. Jahrhundert)

Die Niederschriften bestehen aus
(1) dem eigenhändig auszuführenden Handzeichen des Professen, hier ein Kreuz,
(2) dem Namen und
(3) der Professformel in lateinischer Sprache: *promitto* usw.

Unterrichtshilfen E

```
+Ego hartmuat  promitto oboedien &stabili    coram do &scis eius
+Ego manno     promitto oboedien &stabil     coram do &scis eius
+Ego hartuuic  promitto oboedi   &stab       coram do &scis eius

a cc a a b c d ð e f f g
h i k l m n N p o p q r
r ſ t u v x y y z z
```

Transkription des ersten Beispiels: „ + *Ego hartmuat promitto oboedien*(tiam) *et stabili*(tatem) *coram d*(e)*o et s*(an)*c*(t)*is eius*" = „ + Ich, Hartmut, gelobe Gehorsam und Beständigkeit vor Gott und seinen Heiligen".

Die drei hier in der Folge der originalen Aufzeichnung wiedergegebenen Professurkunden sind sorgfältig in der karolingischen Buchschrift (Minuskel) des 9. Jahrhunderts ausgeführt, und es ist bei näherem Hinsehen sogar zu erkennen, dass die eigentlichen Formeln von ein und demselben Schreiber eingetragen worden sind, während die Kandidaten jeweils nur ihr Handzeichen (+) und ihren Namen hinzufügten bzw. nachträglich einfügten.

Lösung der Aufgaben
a) Ego hartmuat – Ego manno – Ego hartuuic. – *Hinweis:* Die karolingische Buchschrift, die unter Karl dem Großen im gesamten Frankenreich eingeführt wurde, bildet auch die Grundlage unserer Druckschrift. Deshalb können die Schüler und Schülerinnen die nicht abgekürzten Bestandteile der Formeln, beispielsweise jeweils die ersten drei Elemente, ohne weiteres in moderne Schrift übertragen.
b) Um die männlichen Personennamen *Hartmut, Manno* (heute nicht mehr üblich) und *Hartwig*.
c) Es handelt sich um die Kreuze jeweils am Zeilenanfang.
d) An den entsprechenden Unregelmäßigkeiten wie ungleiche Abstände und Linienführung in den einzelnen Zeilen.
e) Damit sie sich rechtsverbindlich dem Abt des Klosters und der Gemeinschaft der Mönche (Konvent) unterordneten bzw. einreihten und nicht später behaupten konnten, sie hätten gar kein Mönchsgelübde abgelegt.
Er musste nur das Kreuz mit eigener Hand ausführen und konnte einen anderen bitten, seinen Namen für ihn einzutragen.

M 3.7 Schulunterricht

Der „Schulmeister von Esslingen mit seinen Schülern" aus der Manessischen Liederhandschrift (1310/1340) zeigt auf, wie sehr der Unterricht in der mittelalterlichen Schule auf Gehorsam und Disziplin beruhte: Zu den hervorstechendsten Attributen der Lehrpersonen gehört die Rute.

M 3.8 König Konrads Besuch in der Klosterschule St. Gallen (911)

Der Chronist Ekkehard wirkte in der ersten Hälfte des 11. Jahrhunderts als Klosterlehrer in St. Gallen und brachte deshalb allem, was Schule betraf, großes Interesse entgegen. Einen Aufenthalt König Konrads I. (911–918) am Bodensee am Jahreswechsel 911/912 gestaltete Ekkehard wortreich und mit viel Fantasie zur Weihnachtsfeier des Herrschers im Kloster St. Gallen aus, inklusive dem hier wiedergegebenen Besuch Konrads in der dortigen Klosterschule. Der Aufenthalt König Konrads I. am Bodensee 911/912 ist historisch verbürgt. Er galt aber nicht in erster Linie dem Kloster St. Gallen, sondern Salomo III., dem Kanzler Konrads und Bischof von Konstanz, in Personalunion zudem Abt des Klosters St. Gallen. König und Bischof hatten in der Weihnachtszeit des Jahres 911 vor allem eine tiefgreifende politische Krise in Schwaben zu bewältigen. Gleichgültig ob es sich bei unserem Textauszug um eine wahre Geschichte oder um schulmeisterliche Fiktion aus der Feder Ekkehards handelt: der Bericht zählt zu den aufschlussreichsten Texten über Schule im frühen Mittelalter. Er ist gekürzt wiedergegeben.

Lösung der Aufgaben
a) Vor allem Gehorsam, Disziplin und Lesen.
b) Das wurde von einem König, und nur von ihm, erwartet.
c) Die damaligen Lebensumstände hatten den frühzeitigen Tod vieler Kinder und Schüler zur Folge.

M 3.9 Kaiser Karl lernt schreiben

Gut zwei Jahrzehnte nach Karls des Großen Tod im Jahre 814 unternahm es sein ehemaliger Hofbeamter Einhard, der den Kaiser noch persönlich erlebt hatte, Karls Leben zu beschreiben. Hintergrund des Unternehmens war unter anderem, dass sich die Enkel des Kaisers heillos über das Erbe zerstritten und das Karlsreich unter ihnen zu zerfallen begann. Ein wichtiges Motiv Einhards für die Niederschrift des Karlslebens war daher der Appell an die Enkel, sich doch den Großvater zum Vorbild zu nehmen. Diesem konkreten Ziel, Karls Persönlichkeit und seine politischen Errungenschaften der Nachwelt deutlichst vor Augen zu führen, verdankt Einhards Werk u.a. seine Anschaulichkeit und bildhafte Qualität.

Lösung der Aufgaben
a) Weil er das mit den meisten seiner Zeitgenossen gemeinsam hatte; außer den Geistlichen konnte damals so gut wie niemand schreiben.
b) Weil er nicht Geistlicher werden wollte.
c) Die Bewohner Britanniens und vor allem Englands waren Nachfahren der in der Völkerwanderungszeit auf die Britischen Inseln gezogenenen Angeln und Sachsen („Angelsachsen").
d) Das Kreuz, die (lateinische) Namenform „KAROLVS".

M 3.10 Schreiben auf Wachstafel und auf Pergament und Kaiser Karls Monogramm

Die Miniaturen zeigen
1) das Beschreiben von Wachstäfelchen (Diptychon) mit dem Griffel, der vorn zum Schreiben eine Spitze aufwies und an seinem hinteren Ende ein Spatel zum Glätten der

E Unterrichtshilfen

  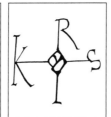

Wachsschicht, d. h. zum Tilgen oder Löschen nicht mehr benötigter Aufzeichnungen besaß, und
2) das Beschreiben von Pergament für ein Buch mit der Feder. In der Schule und dann auch in der Schreibpraxis der Mönche waren absolute Zucht und Disziplin von großer Bedeutung. Es musste unter Aufsicht mit der vorgeschriebenen Handhaltung, d. h. drei Finger an der Feder und gestützt auf den kleinen Finger, nicht auf den Handballen wie heute, geschrieben werden.
Karls Monogramm, d. h. sein Name in der lateinischen Form KAROLVS IMPERATOR (Karl, Kaiser) und in einem einzigen Zeichen zusammengefasst, findet sich auf den Urkunden, die der Herrscher ausstellen ließ. Es wurde dort nicht vom Kaiser selbst, sondern von Kanzleibeamten angebracht. Von Karls eigener Hand stammt nur der sog. Vollzugsstrich im zentralen -O- des Monogramms, das gleichzeitig das -A- und das -V- von KAROLVS bzw. IMPERATOR bildet.

M 3.11 Das Wachstafel-Alphabet

Nicht nur die unterschiedlichen Schreibtechniken für Wachstafel und Pergament mussten im frühen Mittelalter in der Schule gelernt werden, sondern auch unterschiedliche Schriften, die der jeweiligen Schreibtechnik angepasst waren. Wir unterscheiden vor allem zwischen Geschäftsschriften und Buchschriften. Die Geschäftsschrift oder Kursive diente dem täglichen Gebrauch und war meist kurzlebig, weil auf Wachstafel aufgebracht. Doch auch auf Pergamenturkunden fand die Kursive gelegentlich Verwendung, dort aber ausgeführt mit Feder und Tinte.

Lösung der Aufgaben
a) Weil sie in das Wachstäfelchen „eingeritzt" werden mussten, weisen sie möglichst wenige Rundungen auf. Außerdem konnte mit dieser Schrift viel schneller notiert werden als mit Buchschrift.
b) –
c) –
d) Die Lehrpersonen sind sehr groß, die Schüler sehr klein. Sie bekommen vor allem die Rute gezeigt, alles Andere tritt demgegenüber in den Hintergrund.
e) Weil unbedingter Gehorsam und Disziplin als erstes Lernziel und als Basis und Voraussetzung aller anderen Unterrichtsziele galten.

Sachbücher zum Thema Klosterleben und Klosterschule sind:
Arnold Angenendt, Das Frühmittelalter, Stuttgart/Berlin/Köln 1990;
Hans-Werner Goetz, Leben im Mittelalter vom 7. bis zum 13. Jahrhundert, München 1986;
Wolfgang Haubrichs, Geschichte der deutschen Literatur von den Anfängen bis zum Beginn der Neuzeit I: Von den Anfängen bis zum hohen Mittelalter 1: Die Anfänge, Frankfurt/Main 1988;
Die Benediktus-Regel lateinisch-deutsch, ed. *Basilius Steidle*, Beuron [2]1975;
Bernhard Bischoff, Paläographie des römischen Altertums und des abendländischen Mittelalters, Berlin [2]1986;
Vera Trost, Skriptorium. Die Buchherstellung im Mittelalter, Stuttgart 1991.

4. Karl der Große

Einführung
Karl zählt neben dem rund vier Jahrhunderte später lebenden Kaiser Friedrich I. Barbarossa sicherlich nicht nur zu den allgemein bekannten, teils sogar volkstümlichen Herrschern des Mittelalters, sondern zu den bekanntesten Persönlichkeiten jener weit zurückliegenden Epoche überhaupt. Über sein Leben, seine Person und seine Regierung berichtete in fast einzigartiger Ausführlichkeit Karls Biograf Einhard, ein Zeitgenosse und Höfling des Kaisers, der in seine häufig sehr plastische Schilderung eigene Anschauung mit einfließen lassen konnte. Allerdings machte sich Einhard erst zwei Jahrzehnte nach Karls Tod an sein Werk. Hintergrund des Unternehmens war unter anderem, dass sich die Enkel des Kaisers heillos über das Erbe zerstritten hatten und das Karlsreich unter ihnen zu zerfallen begann. Ein wichtiges Motiv Einhards für die Niederschrift des Karlslebens war daher der Appell an die Enkel, sich doch den Großvater zum Vorbild zu nehmen. Diesem konkreten Ziel, Karls Persönlichkeit und seine damit verbundenen politischen Errungenschaften der Nachwelt deutlichst vor Augen zu führen, verdankt Einhards Werk u.a. die Anschaulichkeit und bildhafte Qualität, die schon im vorangehenden Kapitel genutzt wurde und vor allem in diesem Abschnitt eingesetzt werden soll.

Didaktische Hinweise
Es bedarf keiner besonderen Begründung, wenn Karl hier als repräsentative historische Persönlichkeit stellvertretend für die Epoche des frühen Mittelalters steht. Wie kaum ein anderer vermag der Kaiser ein ganzes Zeitalter zu repräsentieren, das in seiner Person gleich-

Unterrichtshilfen E

sam wie in einem Brennpunkt zusammengefasst erscheint. Die günstige Quellensituation im Hinblick auf die Person und die Persönlichkeit des Kaisers kann im Unterricht genutzt werden, indem die ferne frühmittelalterliche Epoche quasi stellvertretend durch Aspekte der Persönlichkeit und des Handelns Karls den Schülern und Schülerinnen nahegebracht wird.

Zu den Materialien

Übersicht

Themen	Methoden	Materialien
König der Franken und Kaiser der Römer	Textanalyse Bildbetrachtung, Aufgaben	M 4.1 M 4.2
Die Unterwerfung der Sachsen	Textanalyse Textanalyse Bildbetrachtung, Aufgaben	M 4.3 M 4.4 M 4.5
Die Eroberung Spaniens: ein vergeblicher Versuch	Textanalyse Textanalyse Bildbetrachtung, Aufgaben	M 4.6 M 4.7 M 4.8
Das Reich der Franken unter Karl	Kartenarbeit Textanalyse Textanalyse Bildbetrachtung, Aufgaben	M 4.9 M 4.10 M 4.11 M 4.12

M 4.1 Über König Karl
Einhard legt bei seiner Schilderung von Karls Gestalt und Äußerem nicht fotografischen Realismus an den Tag, sondern bewegt sich auf den Spuren seines antiken Vorbilds, des Kaiserbiografen Sueton. Als Faustregel für die Aussagen kann aber trotzdem gelten, dass sie ein im Großen und Ganzen zutreffendes Bild des Kaisers zeichnen. Auf das äußerliche Portrait folgt eine knappe Charakterisierung von Karls Lebensart – oder seiner „Freizeitgestaltung", wie wir heute vielleicht sagen würden. Auch hier ist Karl sicherlich ganz gut getroffen, auch wenn die Jagd ein Muss für jeden Herrscher war und von Einhard insbesondere den edlen Franken allgemein zugeschrieben wird. Dass der Kaiser aber vor allem anderen das Baden und die Thermen schätzte, ist wiederum ganz auf seine Person zugeschnitten (vgl. unter M 4.11/12). Natürlich spielt dabei der Verweis auf die alten Römer und ihre Badekultur mit, und es ist auch zu erwähnen, dass bereits die mittelalterlichen Menschen die großen stadtrömischen Thermen bestimmten Kaisern zugeordnet haben (vgl. „Hadriansthermen"), so dass in diesem Punkt vor allem das von Karl (gegen starke innerfränkische Opposition) erlangte „römische Kaisertum" mitschwingt. Karl ist also bei Einhard in erster Linie Franke, wenn er aber kann, wie er selbst will, auch Römer und Kaiser. Besonders anschaulich wird das bei der Schilderung der kaiserlichen Kleidungsgewohnheiten, die von den Schülern und Schülerinnen zusammengestellt und dann kontrastiert werden können.

M 4.2 Reiterstatuette und Titulaturen Kaiser Karls
Die derzeit im Louvre in Paris aufbewahrte Reiterfigur (Höhe 23,5 cm) stammt zweifellos aus dem 9. Jahrhundert,

doch ist es strittig, ob sie ursprünglich Karl den Großen (768–814) oder dessen Enkel Kaiser Karl II. den Kahlen (875–877) darstellen sollte. Es wäre ferner denkbar, dass Karl II. sich mit ihr in Gestalt seines Großvaters vergegenwärtigen wollte, in dessen Fußstapfen er auch sonst gern gewandelt ist. Im Vergleich mit dem Standbild des Mark Aurel (M 1.1) erscheint das Pferd als antikes Versatzstück oder zumindest als getreue Antikenkopie. Trotz allen Problemen, die die Statuette aufgibt, bietet sie wahrscheinlich eines der wenigen einigermaßen getreuen Bildnisse Karls des Großen, denn die Gesichtszüge des Herrschers weisen einige Ähnlichkeit mit Karls Münzbildern auf. Die herrscherlichen Insignien sind z. T. verloren: in der linken Hand trägt Karl noch einen Reichsapfel, rechts ist ein Zepter anzunehmen. Das Reiterbild kann mit Gewinn neben die Beschreibung von Karls Kleidung (M 4.1) gehalten werden. Hier finden sich beispielsweise Beinkleider in Form von Wadenbinden.
Die Änderungen in der Titulatur Karls, wie sie vor allem in den Urkunden gebraucht wurde, spiegeln die stetige Expansion des Karlsreiches und der Aufstieg des Herrschers wider.

Lösung der Aufgaben
a) In vielen Punkten gleichen sich die Darstellungen der

E Unterrichtshilfen

beiden Kaiser; Unterschiede sind beispielsweise das Diadem, das Karl trägt, und Einzelheiten in Tracht und Bewaffnung.
b) Karls normale Kleidung („fränkisch")
Leinenhemd, Leinenhosen, Wams mit seidenen Borten, Wadenbinden, Schuhe, Rock aus Fischotter- oder Zobelpelz, blauer Mantel, Schwert mit Griff und Gehenk aus Gold oder Silber.
Karls festliche Kleidung („kaiserlich")
Golddurchwirkte Kleidung, edelsteinbesetzte Schuhe, Mantel mit goldener Spange, Diadem aus Gold und Edelsteinen.
c) Diadem, Mantel mit Spange, Wadenbinden, Schuhe.
d) Karl war 771 König der Franken, wurde dann auch noch König der Langobarden in Italien und errang schließlich im Jahre 800 die Kaiserkrone.

M 4.3 Krieg gegen die Sachsen

In seiner eindrücklichen Schilderung hob Einhard den „Krieg gegen die Sachsen" unter allen Feldzügen Karls besonders hervor, wenn er sagt, dies sei der längste und schrecklichste aller Kriege gewesen, die Karl geführt habe: dreiunddreißig Jahre lang habe er ununterbrochen gedauert. Diese erstaunliche Zeitspanne nahm er laut Einhard deshalb in Anspruch, weil die Sachsen an Treulosigkeit nicht zu übertreffen seien. Neben der etwas farblosen Begründung steht die Zahl der 33 Jahre, die vermutlich auf die Zeitspanne des Lebens Christi Bezug nimmt und damit Karls Sachsenkriege und dessen anschließenden Aufstieg zum Kaisertum in ein universalhistorisches System stellt.

M 4.4 Zwei Berichte über die Bestrafung der Sachsen

Die Bestrafung der Sachsen, die damals Schlagzeilen machte, ist Thema der beiden ausgewählten Texte. Der erste stammt wiederum aus Einhards Karlsleben, der zweite hingegen aus den Reichsannalen, also einer anderen Prinzipien verpflichteten Gattung von Geschichtsschreibung. Beide ergänzen sich vorteilhaft mit ihren unterschiedlichen Angaben. Während Einhard Jahrzehnte nach dem Geschehen schrieb, berichtet der Verfasser der Reichsannalen, eines offiziösen Geschichtswerkes, das zur Zeit des Krieges am karolingischen Hof entstanden ist und die Ereignisse aus der Sicht der Franken darstellt, mitten aus den Kämpfen des Sachsenkrieges.
In den Jahren 784/785 spitzten sich die Auseinandersetzungen in Sachsen zu, und es ist die Rede von zwei großen Strafmaßnahmen Karls. Zum einen soll der Frankenkönig 10 000 Sachsen ins Frankenreich deportiert und dort angesiedelt haben, und zum anderen gelang es ihm wenig später, Widukind, den einflussreichsten Sachsenführer, festzusetzen. Während über Widukinds ferneres Schicksal nichts verlautet, gab Karl laut Reichsannalen den Befehl, 4500 Aufständische hinzurichten. Es ist strittig (und vermutlich auch nicht abschließend zu klären), inwieweit diese Zahlen tatsächlich zutreffen. In Verden an der Aller, dem Ort der Massenhinrichtung, bildete sich ähnlich wie in Enger (M 4.5) eine starke Widukind-Tradition heraus, die dann wiederum im Dritten Reich mit der Einrichtung einer Stätte zum Gedenken an die hingerichteten Sachsen aufgegriffen und im NS-Sinne genutzt wurde.

Über die in den Texten erwähnten Deportationen hingegen wissen wir besser Bescheid. Aus diesem Bereich gibt es sogar verifizierbare Namenlisten, und es scheint, als ob dieses Mittel längere Perioden kontinuierlich eingesetzt worden sei. Andererseits ist angesichts der exorbitanten Zahlenangaben immer wieder der Versuch unternommen worden, Ortsnamen vom Typ „Sachsenhausen", „Sachsenweiler" oder „Sachsenheim" als Reflex der Deportationen zu deuten.

M 4.5 Widukind – Herzog der Sachsen

Der bereits erwähnte Sachsenführer Widukind war einer der Köpfe sächsischen Widerstands gegen die Franken. Da nur wenig über die Taten und das Leben Widukinds überliefert ist und die Quellen zu seinem Ende nach 785 völlig schweigen, ranken sich zahlreiche Legenden um den prominenten Sachsen, die sein „Nachleben" seit mittelalterlicher Zeit in vielfältiger Weise gestaltet haben. Zu einem Zentrum solchen „Nachlebens" entwickelte sich das westfälische Enger. Dort soll Widukind begraben liegen, und in der Stiftskirche zu Enger wird auch tatsächlich ein Grabbild gezeigt, das allerdings erst im 12. Jahrhundert in dieser Form als „Gedenkstein" entstanden sein kann. Auf dem Grabstein hat Widukind eine erstaunliche Wandlung durchgemacht. Er ist nicht etwa dargestellt als wilder sächsischer Rebellenführer, sondern als devoter und abgeklärter Regional- oder Landesfürst.

Lösung der Aufgaben
a) Die Verehrung und Anbetung anderer Gottheiten als des christlichen Gottes, nämlich der altsächsischen Götter.
b) Gesandte und Boten Karls riskierten ihr Leben, wenn sie ins Land der Sachsen zogen und konnten – laut Text – noch nicht einmal ihre eigentliche Aufgabe, nämlich die Mission bei den Slawen, durchführen.
c) Durch Deportation und Liquidation, einschließlich Zwangstaufe der Anführer.
d) Sein Bild wandelte sich von dem eines heidnischen Häuptlings zu dem eines guten und vor allem frommen, also christlichen Herrschers.

M 4.6 Eine Niederlage in Spanien (778)

Eine „außenpolitische" Unternehmung Karls war die Heerfahrt im Jahre 778 über die Pyrenäen auf die Iberische Halbinsel. Der Biograf Einhard berichtet darüber im Abstand von einem runden halben Jahrhundert. Um ein Haar hätte die Spanienexkursion mit einer Katastrophe für die Franken geendet, wenn nicht – wie es das Rolandslied will, das hier seinen geschichtlichen Ursprung hat – die fränkische Nachhut unter Führung des bretonischen Markgrafen Hruodland (= Roland) mit dem Einsatz des Lebens einen verheerenden Angriff der Basken verhindert hätte. In dem „spanischen Abenteuer" Karls wird die imperiale, universal ausgerichtete Politik des fränkischen Herrschers exemplarisch greifbar, die nicht erst mit der Kaiserkrönung, sondern im Grunde schon mit Karls erfolgreichem Griff nach der langobardischen Krone 774 einsetzte. Sie machte nicht auf der Iberischen Halbinsel Halt, sondern erstreckte sich auf die gesamte westliche Hälfte des alten Römischen Reiches und darüber hinaus bis ins Heilige Land. Im Nahen Osten knüpfte Karl sogar „diplomatische Beziehungen" mit dem Kalifen Harun-al-Raschid an.

M 4.7 Rolandslied-Sage
Um den von Einhard berichteten geschichtlichen Kern der Spanienexpedition (M 4.6) begann sich später die Sage zu ranken, Roland sei ein Neffe des Kaisers gewesen und habe Karl den Großen auf einem Feldzug gegen die Sarazenen in Spanien begleitet. Auf dem Heimweg sei die von Roland befehligte Nachhut des Heeres am Pass von Roncesvalles in den Pyrenäen von Sarazenen überfallen und niedergemacht worden. So starb Roland in den Augen der Nachwelt den Heldentod und galt bald als ritterlicher Märtyrer und Schutzpatron. Zu seinen Insignien als Gestalt der Sage gehören das Schwert Durendal und das Horn Olifant.
In diesem Zusammenhang könnte das Rolandslied in geeigneter Form in den Unterricht eingebracht werden, möglicherweise auch als Lektüre im Deutschunterricht.

M 4.8 Stadtpatrone: die Rolande

Der Bremer Roland ist nur der bekannteste der zahlreichen städtischen Patrone oder Schutzherren dieses Typs. Ein DDR-Briefmarkensatz aus dem Jahre 1989 stellt vier weitere mitteldeutsche Rolandsäulen zusammen.

Lösung der Aufgaben
a) Weil er ins „Ausland" führte und von vornherein wohl nicht auf die Eingliederung der aufgesuchten Gebiete in das Frankenreich angelegt war.
b) In der Rüstung und Bewaffnung: sie sind alle „edle Ritter".
c) Rolande wurden in den mittelalterlichen Städten vorwiegend als ideelle (gedachte) Stadtherren betrachtet und aufgestellt. Ihre Funktion war, das Gemeinwesen („Kommune") zu stärken und zu schützen.
d) Tapferer und mächtiger, stärker als gewöhnliche Menschen.

M 4.9 Das Frankenreich unter Karl dem Großen
(Abb. rechte Spalte oben)

M 4.10 Gäste aus fernen Ländern
Der universale Anspruch von Karls Kaisertum kommt vielleicht am besten im „Karlsbuch" des St. Galler Mönches Notker (gest. 914) zum Ausdruck. Notker schrieb sein Buch über den großen Kaiser Karl im Abstand von rund hundert Jahren, als von dem Großfrankenreich Karls nurmehr ein schwacher Abglanz übrig war und von uni-

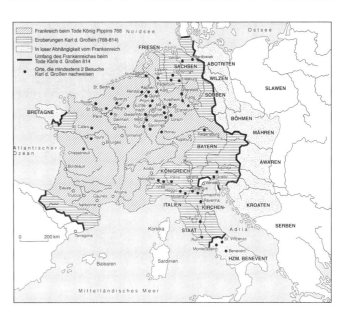

versaler Geltung der karolingischen Herrschaft nicht mehr die Rede sein konnte.

Lösung der Aufgaben
a) Iran, Armenien, Indien.
b) Italien, Teile von Spanien, Frankreich, Deutschland, Belgien, die Niederlande, Luxemburg und Österreich.
c) Byzanz, Kalifat von Bagdad (Harun al-Raschid), Emirat von Cordoba.
d) Er gebietet über Könige und empfängt Gesandte aus dem ganzen ehemaligen Römerreich (Mittelmeer).
e) Am Ende des 1. und zu Beginn des 2. Absatzes.

M 4.11 Karl in Aachen
Die Pfalz in Aachen, wo Karl der Große in den späteren Jahren seiner Regierung gleichsam residierte, entstand in engem Zusammenhang mit der Kaiserkrönung des Jahres 800. Was Karl zur Wahl ausgerechnet dieses Ortes für seinen „Kaiserpalast" veranlasst hat, ist nicht ganz klar, aber man weiß, dass sich hier bereits vor Karls Zeit ein fränkischer Königshof befunden hat. Zweifellos spielten aber bei Karls Entscheidung für Aachen die warmen Quellen und die Reste der römischen Bäder, die er zu seinem Gebrauch wiederherrichten ließ, eine maßgebliche Rolle. Denn die extensive Nutzung der Bäder demonstrierte vor aller Augen, dass Karl seine Herrschaft an das Vorbild des antiken Kaisertums knüpfte. Ein weiteres imperiales Moment beim Aachener Palast war der Einbau von Marmorsäulen im Münster, die auf Karls Befehl eigens aus Rom und Ravenna herbeigeschafft wurden.
Aufgrund der zentralen Rolle, die Aachen für Karl den Großen und dessen politisches Konzept spielte, erlangte Aachen später erneut Geltung als Krönungsort der ostfränkisch-deutschen Herrscher (M 5.2-5.4).

M 4.12 Die Residenz Aachen
Das rekonstruierte Modell der Aachener Pfalz beruht auf den Erkenntnissen aus langjährigen archäologischen Grabungen in der Altstadt. Zwei Hauptgebäude von Karls Palast bestehen bis heute: das Münster und das Rathaus, letzteres jedoch nur noch auf den karolingischen Fundamenten, die aktuellen Aufbauten stammen aus späterer Zeit.

E Unterrichtshilfen

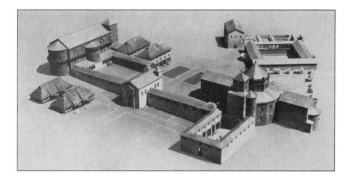

Lösung der Aufgaben
a) Damit, dass Karl warme Bäder sehr schätzte.
b) In der Kirche und ihren Nebengebäuden: Gottesdienst. In der Königshalle: Sitzungen und Empfänge, Gericht. In den Bädern: gemeinsames Baden.

Ein Sachbuch zum Thema Karl der Große ist:
Andreas Kalckhoff, Karl der Große. Profile eines Herrschers, Serie Piper: Portrait, München 1987.

5. Ostfrankenreich – Westfrankenreich: Deutschland – Frankreich

Einführung
Für die ältere Geschichte Europas und die Formierung der europäischen Staatenwelt war es von entscheidender Bedeutung, dass die ostfränkischen (und nicht die westfränkischen) Könige an das Kaisertum Karls des Großen und an dessen „Residenz" zu Aachen anknüpfen konnten. Es war der Ostfrankenkönig Otto I., der im Jahre 962 nach längerem Ruhen des westlichen Kaisertums in Rom wieder die Kaiserkrone erlangte (renovatio imperii = Erneuerung des Kaisertums). Eng damit verbunden erscheinen die Anfänge der staatlichen Gliederung Alteuropas und insbesondere die ersten Geburtswehen der Nationen Deutschland und Frankreich, die sich unter anderem in dem Ringen um Lothringen während des 10. Jahrhunderts manifestierten. Diese Periode der Formierung Alteuropas war ein Zeitalter des Umbruchs nicht nur in der Politik, sondern auch in der Lebenswelt der Menschen. Der klassische Feudalismus und Lehensstaat bildete sich ebenso heraus wie die Territorialherrschaften der Landesherren, das Rittertum entstand und technische Neuerungen in vielen Bereichen begannen Einfluss auf die Menschen zu gewinnen.

Didaktische Hinweise
Deutschland und Frankreich, die uns vertrauten Nationen der Moderne, können durchaus als erfahrbarer Ausgangspunkt genommen werden, doch darf die Themenformel nicht als Gleichung missverstanden werden. Das Westfrankenreich ist nicht mit Frankreich gleichzusetzen, genausowenig wie das Ostfrankenreich mit Deutschland.

Zu den Materialien

Übersicht

Themen	Methoden	Materialien
Erneuerung des Kaisertums	Bildbetrachtung	M 5.1
	Textanalyse, Aufgaben	M 5.2
	Textanalyse	M 5.3
	Textanalyse	M 5.4
	Kartenarbeit, Aufgaben	M 5.5
Geburt zweier Völker: Deutschland und Frankreich	Textanalyse	M 5.6
	Textanalyse, Aufgaben	M 5.7
	Bildbetrachtung, Aufgaben	M 5.8

M 5.1 Thronender Ottonenkaiser (um 1000) (Folie in Farbe)
In der Miniatur aus dem „Evangeliar Kaiser Ottos III." von Bamberg, entstanden um das Jahr 1000, ist der thronende Kaiser dargestellt. Er thront unter einem Baldachin, der von reichverzierten Säulen getragen wird und hinten mit Tüchern verhängt ist. Der Kaiser trägt ein Diadem mit polygonalem Reif und hält ein Adlerzepter und den mit einem Kreuz verzierten Reichsapfel als Herrscherinsignien in seinen Händen. Zu seiner Rechten nähern sich die geistlichen Fürsten, zur Linken die weltlichen Fürsten, die Ottos Schwert und Schild präsentieren. Im Codex nimmt das Bild eine Seite ein und wird durch eine weitere Miniatur auf der gegenüberliegenden Seite ergänzt, wo die Provinzen des Ottonenreiches in Form von weiblichen Gestalten Geschenke herbeitragen und dem Kaiser huldigen. Die Darstellung des thronenden Kaisers greift u.a. zurück auf die Bilder der alttestamentlichen Könige auf der in Wien aufbewahrten Reichskrone.

Unterrichtshilfen E

M 5.2 Die Wahl Ottos I. in Aachen (936)
Die Materialien M 5.2-M 5.4 stammen aus der „Sachsengeschichte" des Corveyer Mönches Widukind, der einzigen ausführlichen Chronik des 10. Jahrhunderts aus dem ostfränkischen Reich. Widukind stand dem Herrscherhause der Ottonen nahe, und sein Werk widmete er Mathilde, der Schwester Kaiser Ottos des Großen. Den berühmten Bericht über die Krönungsfeierlichkeiten für Otto zu Aachen im Jahre 936, der hier in seinen wesentlichen Teilen (Wahl, Krönung, Krönungsmahl) wiedergegeben ist, schrieb Widukind im Abstand von rund 40 Jahren, nachdem sein Protagonist Otto der Große bereits die Kaiserkrone (962) erlangt hatte.

Während die sich im 10./11. Jahrhundert herausbildenden Monarchien in England und Frankreich dem Prinzip der Erbmonarchie folgten, setzte sich im ostfränkisch-deutschen Reich das Wahlprinzip durch. Dabei bedeutete „Wahl" damals nicht „Wahl" in unserem Verständnis, sondern es wurde zu Recht auch von Designationswahl und Akklamationswahl gesprochen. Den Ausschlag gab die „sanior pars", d.h. die Stimmen hatten unterschiedliches Gewicht. Das ist in unserem Text genau nachzuvollziehen: Ottos Wahl zum König bleibt von Anfang an ohne Alternative, weil er bereits vom Vater designiert worden war. Die folgenden Elemente sind: Thronsetzung Ottos im Aachener Münster; Huldigung und Treuegelöbnis der Fürsten und Ritter; Präsentation durch den Erzbischof; Akklamation des ganzen Volkes.

Lösung der Aufgaben
a) In Kleidung, Haar- und Barttracht, Insignien (Buch bzw. Waffen).
b) Er überragt alle anderen Personen, sitzt auf einem Thron unter einem Baldachin, ist am kostbarsten gekleidet und trägt Diadem (Krone), Adlerzepter und Reichsapfel (herrscherliche Insignien).
c) Er zeigt ein Kreuz.
d) Schritte des Wahlakts: Thronsetzung Ottos im Aachener Münster; Huldigung und Treuegelöbnis der Fürsten und Ritter; Präsentation durch den Erzbischof; Akklamation des ganzen Volkes.

M 5.3 Die Krönung Ottos I. in Aachen (936)
(Siehe M 5.2).

M 5.4 Krönungsmahl Ottos I. in Aachen (936)
(Siehe M 5.2).

M 5.5 Die deutschen Reichsteile

Grundlage des ottonischen Königtums im 10. Jahrhundert, das die karolingische Herrschaft im Ostfrankenreich ablöste, bildeten die um 900 entstandenen Fürstentümer bzw. Herzogtümer wie beispielsweise Lothringen, Sachsen, Bayern und Schwaben, die auf der Karte im mitteleuropäischen Kontext verzeichnet sind. Das Arrangement der Ottonen mit diesen neuen Mittelgewalten war entscheidend für die Stabilität des Reiches und für die Wiedererrichtung des Kaisertums durch Otto den Großen 962. Symbolisch, als Zeichen für ihre Unterwerfung unter den Herrscher und ihre Huldigung, nahmen die mächtigsten Fürsten beim Krönungsmahl die Hofämter (später: Erzämter des Reiches) wahr (M 5.4).

Lösung der Aufgaben
a) Der Stab.
b) Weil das „gesamte Volk der Franken und Sachsen" ihn gewählt hatte.
c) Herzog Giselbert von Lothringen: Kämmerer; Eberhard von Franken: Truchsess; Hermann von Schwaben: Mundschenk; Arnulf von Bayern: Marschall.
d) Sie waren vor allem symbolisch-politischer Natur und signalisieren die Unterordnung der Fürsten unter den König.
e) –
f) Sachsen (Niedersachsen, Sachsen-Anhalt), Thüringen, Bayern, Kärnten. – „Franken" und „Lothringen" (La Lorraine) existieren noch als Landschaftsbezeichnungen.

M 5.6 Ein Treffen der Könige von Westfranken und Ostfranken in Bonn (921)
Die Könige Karl und Heinrich trafen im Jahre 921 auf dem Rhein bei Bonn zusammen, um ein Freundschaftsbünd-

E   Unterrichtshilfen

nis zum Zweck der Sicherung ihrer jeweiligen Ansprüche abzuschließen. Die linksrheinisch-lothringischen Großen machten dabei den Hauptanteil des Gefolges von König Karl aus, und daran gibt sich auch zu erkennen, wie sehr es Karl auf die Sicherung seiner Herrschaft über Lothringen (mit dem dort gelegenen Aachen) ankam. Schon wenige Jahre später verlor der Karolinger Lothringen trotz seiner Bemühungen in Bonn an den ostfränkischen König Heinrich, zu dessen Reich künftig auch die beiden Erzbistümer von Köln und Trier gehörten.

M 5.7 Gallien und Germanien (978)
Noch bis Ende des 10. Jahrhunderts blieb Lothringen mit Aachen ein Zankapfel zwischen den westfränkischen und ostfränkischen Königen, die sich beide in ganz ähnlicher Weise auf die karolingische Tradition und insbesondere auf Karl den Großen beriefen. Bei dem Streit um Lothringen und den ersten Regungen der späteren Nationen Deutschland und Frankreich spielte vor allem die damals geläufige Auffassung von dem aus der Antike herrührenden Dualismus Gallien – Germanien eine Rolle, nach welchem die beiden Länder grob gesprochen durch den Rheinstrom voneinander getrennt wurden. Das wird u. a. im Vertrag von Bonn unmittelbar deutlich (M 5.6).

Lösung der Aufgaben
a) Weil der Fluss als Grenzbereich ein neutraler Ort war und keiner der Beteiligten irgendwelche Vorbedingungen stellen musste.
b) Karl wird stets als Erster genannt. Weil Karl sich auf Kaiser Karl d. Gr. als Vorfahren berufen konnte.

c)
König Karl der Einfältige	König Heinrich I.
Erzbischöfe:	*Erzbischöfe:*
Hermann von Köln	Heriger von Mainz
Ruotger von Trier	–
Bischöfe:	*Bischöfe:*
Stephan von Cambrai	Nithard von Münster
Bovo von Chalons	Dodo von Osnabrück
Balderich von Utrecht	Richgawo von Worms
–	Unward von Paderborn
–	Noting von Konstanz
Grafen:	*Grafen:*
Matfred	Eberhard
Erchanger	Konrad
Hagano	Hermann
Boso	Hatto
Waltker	Gottfried
Isaak	Otto
Ragenber	Hermann
Dietrich	Kobbo
Adalhard	Meinhard
Adelhelm	Friedrich
–	Foldag

d) Weil beide Könige ihren Rang zur Geltung bringen wollten.
e) Gallien ist das spätere Frankreich, Germanien das spätere deutsche Reich.
f) Weil sie jeweils für ihren König und ihr Volk Partei ergriffen.

M 5.8 Eine Sippe – zwei Länder: Ostfranken – Westfranken
Die Tafel bildet eine Illustration zu der Kölner Chronica

S. Pantaleonis aus dem späten 12. Jahrhundert. Sie stellt die „Kaiserdynastie" im Reich aus staufischer Sicht dar, die auf der Tafel ihren Anfang mit den Liudolfinger-Herzögen Sachsens bzw. den ottonischen Kaisern nimmt und bis zu den Staufern geführt ist. Die nahezu ununterbrochene Reihe der Kaiser ist im Mittelfeld vertreten. Sämtliche Bildnisse in den Tondi weisen Verbindungslinien auf, die die Verwandtschaftsverhältnisse anzeigen. Um die unter den späten Salierkaisern aufkommende Vorstellung von einer „Kaiserdynastie" plausibel darstellen zu können, war die Einbeziehung der „Seiten-" oder „Nebenlinien" notwendig, zu denen neben den liudolfingischen Heinrichen in Bayern auch die westfränkischen Karolinger und Kapetinger gehörten. Die beiden Schwestern Ottos des Großen hatten in diese tonangebenden Fürstenfamilien des Westfrankenreichs eingeheiratet und waren so zu ottonischen „Stammmüttern" der westfränkischen Könige geworden. In den Tondi erscheint meist nur das Bildnis einer Person, lediglich der Tondo der „Stammeltern" Heinrich und Mathilde sowie zwei Tondi aus dem Kreis der westfränkischen Verwandtschaft der Ottonen zeigen mehrere Personen; offensichtlich ging es hier darum, Platz zu sparen. Die westfränkisch-französische Königsreihe lässt der Autor mit Philipp I. abbrechen.

Lösung der Aufgaben
a) Weil sie „nur" Könige von Westfranken-Frankreich waren und nicht Kaiser wie die Ottonen.
b) Weil dieser für die verwandtschaftlichen Beziehungen unwichtig war.
c) Ihre Mütter Hadwig und Gerberga waren Schwestern Kaiser Ottos des Großen.
d) Indem er die westfränkisch-französischen Könige abtrennte und an den Rand stellte; ihre Reihe läuft auch nicht weiter, sondern bricht mit Philipp I. im 11. Jahrhundert ab.

6. Der Osten des Reiches: Ungarn und Slawen

Einführung

Seit die Liudolfinger mit der Erhebung Heinrichs I. zum König im Jahre 919 die Macht im ostfränkischen Reich erlangten, rückte der Osten verstärkt ins Blickfeld des Königtums. Heinrich bestieg den Thron gewissermaßen aus seiner angestammten Position als Fürst der Sachsen heraus. In dieser Funktion hatten die Liudolfinger, deren Eigengut sich im Land um den Harz konzentrierte, stets mit den slawischen Völkerschaften und den Dänen zu tun gehabt, die von Norden und von Osten her gegen die Grenzen Sachsens und des Reiches drängten. Im Verlauf des 9. und 10. Jahrhunderts nahm dieser Druck beständig zu, denn in dieser Periode vollzogen sowohl die Skandinavier wie auch die Slawen den Übergang von frühgeschichtlichen zu mittelalterlichen politischen Organisationsformen und Gesellschaften. Dadurch, dass die Sachsenfürsten die Krone im ostfränkischen Reich erlangten, wurden diese bis dahin vornehmlich sächsischen Angelegenheiten zu Belangen des Reiches, ebenso wie die Einrichtung von Marken (vgl. M 5.5) und die beginnende Ostkolonisation. Hinzu kam die Ungarnnot. Die Einfälle des nomadischen Reitervolkes aus den Steppengebieten Asiens hatten bereits vor der Wende vom 9. zum 10. Jahrhundert eingesetzt und erreichten einen ersten Höhepunkt mit dem Verlust der bayerischen Ostmark im Jahre 907. Erst der Sieg Ottos des Großen auf dem Lechfeld bei Augsburg im Jahre 955 setzte dieser Gefahr ein Ende.

Didaktische Hinweise

Die angeführten Ereignisse, Entwicklungen und Konstanten, die mit den dargebotenen Materialien nicht alle in gleicher Intensität berührt werden, gewannen durchweg großen Einfluss auf die mittelalterliche Geschichte Europas. Es bleibt dem Lehrer anheimgestellt, welche Facetten dieser Periode er als besonders wichtig einschätzt und dementsprechend herausgreifen möchte.

Zu den Materialien

Übersicht

Themen	Methoden	Materialien
Ungarnnot	Textanalyse, Aufgaben Bildbetrachtung Textanalyse, Aufgaben	M 6.1 M 6.2 M 6.3
Schlacht auf dem Lechfeld	Textanalyse Bildbetrachtung Textanalyse	M 6.4 M 6.5 M 6.6
Krieg gegen die Slawen	Bildbetrachtung Textanalyse, Aufgabe Kartenarbeit, Kartenarbeit, Bildbetrachtung, Aufgaben	M 6.7 M 6.8 M 6.9 M 6.10
Mission	Bildbetrachtung Textanalyse, Aufgaben Bildbetrachtung Textanalyse, Aufgaben	M 6.11 M 6.12 M 6.13 M 6.14

M 6.1 Der Überfall der Ungarn auf das Kloster St. Gallen (923 oder 925)

Der Chronist Ekkehard war Mönch und Lehrer im Kloster St. Gallen (Schweiz). Er schrieb seine Klosterchronik der Casus S. Galli in der ersten Hälfte des 11. Jahrhunderts und berichtet darin ausführlich über die (damals bereits ein rundes Jahrhundert zurückliegenden) Überfälle der reiternomadischen Ungarn, die sich über ganz Süddeutschland erstreckten und sogar noch Plätze im jenseits des Rheins gelegenen Elsass betrafen. Kloster St. Gallen war in den Jahren 923 bis 925 Schauplatz eines solchen Überfalls, und in der ausführlichen Schilderung Ekkehards kommen viele allgemeine Charakterzüge dieser Periode der Ungarnnot zum Tragen.

Lösung der Aufgaben
a) Beutegier.
b) Weil sich niemand wirklich dagegen schützen konnte, denn die wendigen Reiter konnten jederzeit und überall auf den Plan treten.
c) Als unberechenbare Fremde und Barbaren, als Ungläubige und Heiden und als Geißel oder Strafe Gottes.
d) Klöster waren nicht als Festungen ausgestaltet, ihre Bewohner, die Mönche, trugen keine Waffen und waren wehrlos. Da Klöster wirtschaftliche und kulturelle Zentren des Landes waren, versprach ein Überfall auf sie reiche Beute.
e) Als zwei der Ungarn das Dach der Kirche bestiegen.

E Unterrichtshilfen

M 6.2 Eine frühe Burg

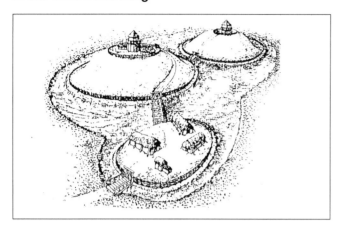

Die Rekonstruktionszeichnung der Burg Dreibergen bei Oldenburg in ihrer ersten Konstruktionsperiode (11. Jahrhundert) führt die Anfänge des feudalen mittelalterlichen Burgenbaus vor Augen, die mit den anderen Themen dieses Abschnitts in mehr oder minder intensivem Zusammenhang stehen.

M 6.3 König Heinrichs „Burgenbauordnung" (um 926)

Widukind, Corveyer Mönch und einziger nennenswerter ostfränkischer Chronist des 10. Jahrhunderts, berichtet in seiner „Sachsengeschichte" ausführlich über Maßnahmen des Königs Heinrich (919-936) zur Landesverteidigung. Diese Maßnahmen, bekannt unter dem Schlagwort „Burgenbauordnung", richteten sich auf der einen Seite gegen die Dänen und die Slawen, mit denen sowohl Sachsen wie Thüringer und Bayern seit langen Jahren zu tun hatten, auf der anderen Seite aber auch gegen die damals höchst aktuelle Ungarnnot, die erst mit dem Sieg Ottos des Großen auf dem Lechfeld 955 ihr Ende finden sollte. 926 sah der König keine andere Möglichkeit, als sich durch einen Vertrag und Tributzahlungen auf neun Jahre von den Ungarneinfällen freizukaufen; es ist anzunehmen, dass die „Burgenbauordnung" Teil oder sogar Kernstück der flankierenden Rüstungs- und Verteidigungsmaßnahmen Heinrichs in dieser Periode war.

Lösung der Aufgaben
a) Indem jeweils ein Mann von neun anderen als Krieger ausgerüstet und freigestellt wurde, um Burgen errichten und befestigen zu können.
b) Weil alle Bewohner des Landes mit eingebunden wurden.
c) Ein in Steinbauweise ausgeführtes und entsprechend militärisch befestigtes Haus.
d) Weil ihre Taktik aufgrund der von Heinrich verfügten Maßnahmen keine Erfolge mehr zeigte.

M 6.4 Die Schlacht auf dem Lechfeld (955)

Der vorliegende kurze Ausschnitt aus dem ausführlichen zeitgenössischen Bericht über den Ungarnsieg König Ottos I. auf dem Lechfeld bei Augsburg stammt aus der „Sachsengeschichte" des Corveyer Mönches Widukind. Er bildet in dem Werk, das Otto den Großen zum Protagonisten hat und vor allem diesen Herrscher verherrlicht, eine wichtige Gelenkstelle, denn Widukind tut seinem Publikum kund und lässt keinen Zweifel daran, dass sich sein Held auf dem Lechfeld die Kaiserkrone verdient habe: Im Anschluss an den Sieg lässt er das Heer Otto den Großen nach antiker Manier zum Kaiser ausrufen, obgleich dieser die Krone tatsächlich erst im Jahre 962 erlangte. Der spätere Gang der Ereignisse hat Widukind in der Sache selbst weitgehend bestätigt, denn der Augsburger Sieg scheint in der Tat so nachhaltig gewesen zu sein, dass die Ungarn damit endgültig überwunden waren.

Lösung der Aufgaben
a) Ihre Kampftechnik: sie operierten auf kleinen wendigen Pferden und kämpften zumeist mit Pfeil und Bogen aus einigem Abstand.
b) Im letzten Satz.
c) Der großartige und vollständige Sieg über das barbarisch-heidnische Volk der Ungarn.

M 6.5 Panzerreiter und Herstellung eines Kettenhemdes

Die Miniatur aus der Chronik des Matthias Paris (13. Jahrhundert) thematisiert den Kampf zwischen Panzerreitern, die gemäß dem Usus des früheren Mittelalters vorwiegend mit Kettenpanzern ausgestattet sind, während ein Bild aus dem Nürnberger Hausbuch der Mendelschen Zwölfbrüderstiftung (15. Jahrhundert) verdeutlicht, wie mühevoll und aufwendig die Herstellung eines Kettenhemdes in der Schmiedewerkstatt war.

M 6.6 Panzerreiteraufgebot Kaiser Ottos II. (981)

Dieses Dokument gibt ebenso Aufschluss über die mittelalterliche ritterliche Bewaffnung wie über die Kampftechnik. Es beziffert genau die Zahl der Panzerreiter, die von den einzelnen Fürsten des Reiches dem Kaiser zugeführt werden sollten. Da es das einzige explizite Zeugnis über das Heeresaufgebot im Reich ist, wie es anscheinend in der Zeit der ottonischen Herrscher reorganisiert worden ist, sich aber andererseits auf eine spezifische Situation bezieht – Kaiser Otto II. absolvierte 981 mit einem zunächst vorwiegend sächsischen Heer einen Italienzug und das vorliegende Aufgebot sollte zur Verstärkung des bereits in Italien weilenden Heeres dienen – bestehen gewisse Probleme bei der Interpretation und Einordnung in den Gesamtzusammenhang, die hier aber vernachlässigt werden können. Insbesondere ist sich die Forschung nicht einig, ob beim Gesamtaufgebot wie bei vorliegendem Teilaufgebot die Zahl der von den geistlichen Fürsten gestellten Panzerreiter diejenige der weltlichen Großen übertroffen hätte.

Lösung der Aufgaben
a) Es zählte mindestens 1960 Panzerreiter:

Geistliche Fürsten	Weltliche Fürsten
100 Bf. Erkembald von Straßburg	60 oder 70 Gf. Heribert und Brudersohn
20 Abt von Murbach	30 Megingaus und Burkhard
20 Bf. Balderich von Speyer	40 Kunos Sohn Kuno
40 Bf. Hildebald von Worms	70 Hzgt. Elsass
50 Abt von Weißenburg	12 Arnusts Sohn Bezolin
50 Abt von Lorsch	30 Rudolfs Sohn Azolin
100 Erzbf. von Mainz	20 Gebizos Bruder Otto
100 Erzbf. von Köln	40 Gf. Hezel
40 Bf. von Würzburg	12 Gf. Gunthram
40 Abt von Hersfeld	20 Unger
40 Abt von Fulda	20 Sikko, des Kaisers Bruder
60 Bf. von Lüttich	40 Otto
12 Bf. von Cambrai	20 Hz. Karl v. Niederlothringen
12 Äbte v. Inden u. Stablo	12 Gf. Theodorichs Sohn
40 Abt von Prüm	10 Gf. Ansfred
70 Ebf. von Trier	40 Mgfen. Gottfried u. Arnulf
40 Bf. von Verdun	30 Gf. Sikkos Sohn
20 Bf. von Toul	–
70 Erzbf. von Salzburg	–
70 Bf. von Regensburg	–
40 Bf. Abraham v. Freising	–
50 Bf. Reginald v. Eichstätt	–
20 Bf. Alboin von Säben	–
100 Bf. von Augsburg	
40 Bf. von Konstanz	
40 Bf. von Chur	
60 Abt von Reichenau	
40 Abt von St. Gallen	
40 Abt von Ellwangen	
30 Abt von Kempten	

b) Die verschiedene Größe ihrer Fürstentümer bzw. ihrer Territorien und Gefolgschaften.
c) Weil sie nicht nur kirchliche Ämter, sondern auch weltliche Fürstentümer verwalteten.
d) Darin, dass die geistlichen Fürsten von den insgesamt 1960 Panzerreitern 1454 Panzerreiter stellten und die weltlichen Fürsten nur 506.
e) Ein Kettenhemd wurde aus zehntausenden kleinen Eisenringen geschmiedet, die miteinander im Sinne von einzelnen Gliedern einer Kette zusammengefügt wurden.
f) Vor allem gegen Hiebwaffen, weniger gegen Stich- oder Schusswaffen.

M 6.7 Ein slawischer Burgwall

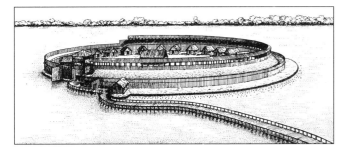

Die Burg von Behren-Lübchin bei Teterow, errichtet im 11. Jahrhundert, diente den slawischen Obodriten zur Beherrschung des Lutizenlandes. Angelegt auf einer Insel, zeigt sie die typischen Merkmale dieser sogenannten Burgwälle. Die Befestigungswerke waren in Holz-Erde-Bauweise errichtet, die Innenbebauung aus Holz.

M 6.8 Krieg zwischen Sachsen und Slawen
Ein Auszug aus den Berichten der Chroniken und Annalen aus den Jahren zwischen 983 und 992 verdeutlicht die die zähe und permanente Auseinandersetzung zwischen Sachsen und Slawen einerseits sowie der verschiedenen slawischen Gruppen untereinander (vgl. M 6.9). Die große Zahl slawischer „Burgwälle" des 9. bis 10. Jahrhunderts spiegelt ein stetiges Fortschreiten der politischen Organisation und Neustrukturierung in Fürstentümer und Gefolgschaften bei den Slawen, wie sie sich während des angegebenen Zeitraumes vollzog. Bei den sog. Burgwällen handelte es sich nicht um Adelsburgen, wie sie seit dem 10. Jahrhundert im Reich zu Hunderten errichtet werden (vgl. Dreibergen M 6.2), sondern um Anlagen, die jeweils einem Fürsten mit seiner gesamten Gefolgschaft Platz und Schutz boten (vgl. M 6.7).

Lösung der Aufgabe
a) Der Fluss Havel; die Region Lausitz.

M 6.9 Slawische Burgwälle in Ostdeutschland

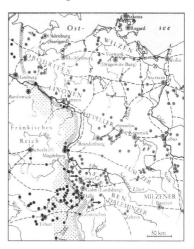

M 6.10 Das Wendland und ein Dorf im Wendland

M 6.11 Slawischer Tempel und slawische Gottheit

Die abgebildete, aus Holz geschnitzte Götterstatue stellt die anthropomorphe slawische Gottheit Swantevit von Arkona auf Rügen dar. Slawische Tempel oder Heiligtümer wurden gewöhnlich aus Holz errichtet wie der im nordwestslawischen Gebiet ausgegrabene von Groß-Raden bei Sternberg (Ende 9. Jahrhundert). Die Rekonstruktionszeichnung zeigt ein einstöckiges Gebäude mit flachem Walmdach, dessen First von zwei anthropomorphen Stelen geziert wird. Es ist offensichtlich, dass sich die altslawischen Heiligtümer deutlich von den christlichen Kultbauten (Kirchen) jener Zeit unterschieden, doch ergaben sich gewisse Anknüpfungspunkte an das Christentum durch die menschengestaltige Götterwelt der mittelalterlichen Slawen.

M 6.12 Aus einem Brief des Bischofs Brun

Den engen Zusammenhang zwischen Herrschaft und Mission bzw. der Ausbreitung des Christentums, wie er für das Mittelalter typisch ist, macht der Bericht des Missionsbischofs Brun an Kaiser Heinrich II., den letzten Herrscher aus sächsischem Haus, unmittelbar deutlich. Mission blieb da vergeblich, wo es nur rudimentäre politische und herrschaftliche Strukturen gab wie bei den Petschenegen.

Lösung der Aufgaben
a) Von Erfolg kann angesichts der geringen Zahl von nur 30 „Bekehrten" kaum die Rede sein.
b) Weil der ihm wenigstens bis zu den Grenzen seines Machtbereichs Schutz gewähren konnte.
c) Sie erinnern an menschliche Gestalten.
d) Die Gottheit Svantevit von Arkona auf Rügen besitzt mehrere Köpfe und hält ein Opfergefäß in Gestalt eines Trinkhorns in Händen.

M 6.13 Die slawische Stadt Gnesen

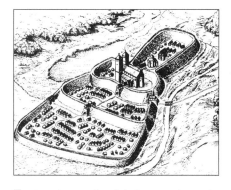

Einer bereits fortgeschrittenen Phase politischer Strukturierung, Verherrschaftlichung und Christianisierung der Polen ist die vorliegende Rekonstruktion der Burg Gnesen zuzuordnen, die hier den Zustand um die Jahrtausendwende unter dem Fürsten Boleslaw Chrobry zeigt, als Kaiser Otto III. dorthin reiste (M 6.12). Die Umwallung besteht aus Holz- und Erdwerk und die meisten Häuser sind ebenfalls in Holzbauweise errichtet worden. Wälle teilen die Gesamtanlage in vier Bereiche unterschiedlicher Größe und Bebauung, in denen sich die Sozialstruktur dieses Fürstentums spiegelt. Handwerk und Gewerbe war im vordersten Teil angesiedelt, das fürstliche Gefolge der Krieger im nächsten Teil, dahinter Bischof, Klerus und Kirche und schließlich auf einer leichten Anhöhe der Fürstenhof. Nur der fürstliche Palast und die großen Kirchen waren Steinbauten.

M 6.14 Ein Besuch Kaiser Ottos III. in Gnesen (1000)

Nach der Rückkehr von seinem zweiten Romzug absolvierte Kaiser Otto III. zwei bemerkenswerte Visiten, die damals für Schlagzeilen sorgten. Zum einen besuchte er die Pfalz zu Aachen, um Karl dem Großen seine Reverenz zu erweisen, und zum anderen zog er nach Gnesen, wo er auf Geheiß des Papstes ein Erzbistum gründen wollte. Der polnische Fürst und spätere König Boleslaw, Herr von Gnesen, konnte sich auch noch aus einem anderen Grund des hohen kaiserlichen Besuches erfreuen. Denn er hatte kurz zuvor die Reliquien des Prager Bischofs und Pruzzen-Missionars Adalbert-Wojtech aus pruzzischen Händen erworben und diese ehrenvoll in Gnesen bestattet. Adalbert war am ottonischen Hof gemeinsam mit Otto III. erzogen worden und hatte auf einer Missionsreise 998 das Martyrium erlitten. Der Kaiser wollte im Jahre 1000 auch seinem Freund in Gnesen die letzte Ehre erweisen und einen Teil der Reliquien ins Reich bringen.
Gallus Anonymus, der Autor des Textes, schrieb im Abstand von rund 170 Jahren aus der Sicht des polnischen Königshofes und vertritt die (historisch unzutreffende) Meinung, Kaiser Otto III. habe Boleslaw anlässlich des Besuches in Gnesen zum König erhoben.

Lösung der Aufgaben
a) Die Angaben über das Festmahl und die Geschenke an den Kaiser.
b) Bei der Aufstellung der „Fürsten" zum Empfang des Kaisers.
c) Handwerker, Gewerbetreibende und Händler waren im vordersten Teil angesiedelt, das fürstliche Gefolge der Krieger im nächsten Teil, dahinter Bischof, Klerus und Kirche und schließlich auf einer leichten Anhöhe der Fürstenhof und Palast mit zugehöriger Kirche.
d) Aus der Sicht des polnischen Fürstenhofes.

Ein Sachbuch zum Thema der Slawen ist:
Welt der Slawen. Geschichte, Kultur, Gesellschaft. Hg. von *Joachim Herrmann*. Verlag C.H. Beck, München 1986.

Unterrichtshilfen E

7. Ein Zeitalter der Invasionen

Einführung

Zeitalter der Invasionen – so könnte eine lange Periode europäischer Geschichte im Mittelalter, vom 8./9. bis zum 11. Jahrhundert, treffend charakterisiert werden. Denn in dieser Zeitspanne, die im angelsächsischen Sprachraum auch unter dem Begriff der „Central Middle Ages" eingeordnet wird, verheerten nicht nur die von Osten herandringenden Ungarn (M 6.1-4), sondern auch die Sarazenen, d.h. arabisch-muslimische „Piraten" vom Mittelmeer her sowie Skandinavier (Dänen, Normannen) von der Ost- und der Nordsee her das kontinentale Europa. Herausgegriffen werden hier die nordischen Seefahrer, die heute in Anlehnung an Gepflogenheiten in Skandinavien selbst und im angelsächsischen Sprachraum unter dem Begriff der „Wikinger" subsumiert werden. Es ist jedoch problematisch, undifferenziert von „Wikingern" zu sprechen, denn in den Quellen treten diese Leute skandinavischen Ursprungs regelmäßig als „Dänen" oder „Normannen" entgegen. Nur in wenigen Fällen, meist in englischem Kontext, hören wir tatsächlich von Wikingern. Eine solche Stelle findet sich in M 7.5, wo bezeichnenderweise von „Raubwikingern" die Rede ist. Dies macht schon klar, dass die damaligen Zeitgenossen offenbar zwischen vorwiegend handeltreibenden und plündernden Wikingern zu unterscheiden wussten. Am besten sind wir deshalb beraten, wenn wir mit den Quellen von Dänen oder Normannen sprechen. Denn diese Bezeichnungen umfassen auch die Völker und Gebiete, aus denen sich die Seefahrer lösten und wo sie herstammten. „Wikinger" meint nicht ein Volk, sondern bezeichnet Gruppen von Menschen, die eine gemeinsame Lebensweise und Lebenshaltung zusammenschloss, die aber im Einzelnen sehr unterschiedlich ausgeprägt sein konnten. Es fallen darunter sowohl die handeltreibenden wie auch die plündernden Seefahrer, und schließlich sogar diejenigen unter ihnen, die sich zur dauerhaften Ansiedlung in Nordfrankreich (Normandie) und in Süditalien und Sizilien entschlossen.

Didaktische Hinweise

Die „Wikinger" erfreuen sich durch die Gunst der Medien und volkstümliche Veranstaltungen in Europa und natürlich besonders in Skandinavien großer Beliebtheit und allgemeiner Bekanntheit. Es sollte deshalb im Unterricht großer Wert auf die Differenzierung und den Inhalt des Begriffes gelegt werden. Die „Wikinger" waren ja kein Volk, sondern es handelt sich um eine moderne Sammelbezeichnung, unter der die plündernden „Normannen" und „Dänen" auf dem Kontinent ebenso subsumiert werden können wie die zur See fahrenden europäischen und nordischen Kaufleute.

Zu den Materialien

Übersicht

Themen	Methoden	Materialien
Plünderungen und Überfälle	Bildbetrachtung Textanalyse, Aufgaben Statistik Kartenarbeit, Aufgaben	M 7.1 M 7.2 M 7.3 M 7.4
Seefahrt und Handel	Textanalyse Bildbetrachtung, Aufgaben Bildbetrachtung Textanalyse, Aufgaben Bildbetrachtung Kartenarbeit, Aufgaben	M 7.5 M 7.6 M 7.7 M 7.8 M 7.9 M 7.10
In Grönland und Amerika	Kartenarbeit Bildbetrachtung, Aufgaben	M 7.11 M 7.12

M 7.1 Ein Brückenfort gegen die Normannen

In der Rekonstruktionszeichnung ist das Brückenfort dargestellt, das der westfränkische König Karl der Kahle im Jahre 862 am Unterlauf der Seine zur Abwehr der in den Fluss einfahrenden Normannen errichten ließ (vgl. M 7.2). Im Prinzip war das eine tief liegende Brücke über den Fluss, gesichert durch ein ummauertes Fort, welche die Seine für Schiffe unpassierbar machen sollte. Doch ist es vielfach bezeugt, dass die Normannen solche Sperren einfach umgingen, indem sie die Schiffe eine kurze Stre-

cke über Land zogen, um dann erneut den Fluss zu befahren. Sie waren also zweifellos nicht besonders effektiv, sondern mehr von psychologischer Wirkung und zeigen deutlich die Verzweiflung, die damals bei der fast Jahr für Jahr von den Normannen heimgesuchten Bevölkerung im Einzugsbereich der größeren Flüsse Mittel- und Nordwesteuropas herrschte.

M 7.2 Chronik der Normannenstürme
Eine Zusammenstellung der Normanneneinfälle betreffenden Nachrichten der Annales Bertiniani aus dem nordfranzösischen Kloster Saint-Bertin nur für die Jahre 856 bis 865 macht klar, wie virulent und bedrohlich die Normanneneinfälle waren und mit welchem Schrecken sie von der Bevölkerung der betroffenen Gebiete und Regionen wahrgenommen wurden.

Lösung der Aufgaben
a) Vor allem durch Sperrung der Flüsse.
b) Nein, die Normannen konnten derartige Sperren mit Leichtigkeit umgehen.
c) Dass die Normannen zu Schiff unterwegs waren und nach jeder Plünderung, nach jedem Beutezug ebenso schnell wieder verschwinden konnten wie sie gekommen waren, während die schwerfälligen Ritterheere ihnen nicht nachkamen und sie selten zum Kampf stellen konnten.

M 7.3 Eine Statistik: Anzahl der Schiffe und der Krieger
In der Tabelle sind sämtliche Nachrichten zu den normannischen Flotten und Besatzungen aufgeführt, die in der Zeit von 789 bis 896 in England und auf dem Kontinent gesichtet wurden. Die Zahlen illustrieren das Ausmaß des Schreckens der Invasionen auf den britischen Inseln und dem europäischen Kontinent.

M 7.4 Fahrten der Normannen und Wikinger
(Siehe M 7.2-3).

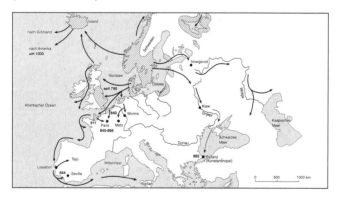

Lösung der Aufgaben
a) Weil die Schiffe unterschiedlichen Typs und verschiedener Größe sein konnten, sind nur grobe Schätzungen anhand der überlieferten Zahlen möglich.
b) Im südöstlichen England und in Nordfrankreich.

M 7.5 Eine Reise des Bischofs Ansgar von Bremen nach Schweden
Der Text ist aus der Lebensbeschreibung des Bischofs Ansgar von Bremen genommen und beleuchtet die Schwierigkeiten und Gefahren bei der Mission und Verkündigung des christlichen Glaubens im heidnischen Skandinavien. Ansgar reiste auf die damals übliche – und einzig mögliche – Weise: mit einer Gruppe von Kaufleuten, die selbst nie sicher sein konnten, wie eine solche Handelsfahrt ausgehen würde, denn nur auf dem Boden des Frankenreiches gewährten die Herrscher den Fernhandelskaufleuten Schutz. Ziel der Reise war Birka (M 7.7), einer der frühen bedeutenden Handelsplätze in der nordischen Welt, gelegen auf einer Halbinsel in Mittelschweden. Höchst aufschlussreich ist die Aussage des Berichterstatters, dass in Birka „Christensklaven" auf die Ankunft der Missionare warteten. Sie dürften aus der Beute der plündernden Dänen und Normannen auf dem Kontinent und in England stammen und nach Birka verkauft bzw. verschleppt worden sein. Der Text erlaubt ferner einen Einblick in die sozialen und politischen Strukturen des frühmittelalterlichen Skandinaviens: Birka gehört zum Herrschaftsbereich des Königs Björn und stand unter der Verwaltung eines königlichen „Vorstehers" namens Hergeir.

M 7.6 Normannenschiffe

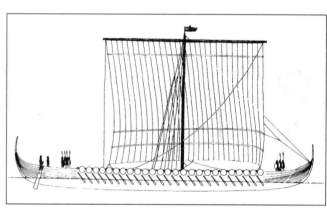

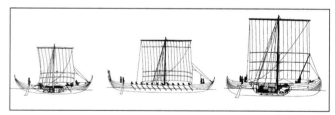

Schiffe und Schifffahrt waren Kennzeichen der frühgeschichtlichen wie der mittelalterlichen Eliten Skandinaviens, so wie das Pferd untrennbar zu dem kontinentalen, fränkischen Adligen oder Feudalherrn gehört. Bereits in der Antike sind skandinavische Seefahrer erwähnt; sie werden in den Schriften aus römischer Sicht zumeist als „Piraten" beschrieben und fuhren schon damals, wie später die Dänen und Normannen, in die Mündungen der kontinentalen Flüsse ein, um dort Beute zu machen und gegebenenfalls Handel zu treiben. Die Schiffstypen, deren Grundkonstruktion in Klinkerbauweise immer dieselbe war, können grob in zwei Gruppen eingeteilt werden: breite Boote mit flachem Kiel in sehr unterschiedlichen Größen wurden zum Transport von Waren bzw. von Ausrüstung genutzt, während lange, schmale Schiffe mit tiefem Kiel, die mit großer Geschwindigkeit gerudert und gesegelt werden konnten, als Kriegsschiffe dienten. Nur selten befuhren die Skandinavier das offene Meer. Gewöhnlich folgten sie den Küsten mit bekannten Orientierungspunkten, und zum Übernachten wurde regelmäßig das Land aufgesucht. Eine Ausnahme bildeten die schon früh bezeugten Fahrten im Nordatlantik, wo sie tagsüber mit Hilfe eines Sonnenkompasses navigierten und sich nachts an den Sternen orientierten.

Lösung der Aufgaben
a) Ein Schiff vom Typ b) oder d).
b) Weil Mission und Verkündigung des christlichen Glaubens bei den Skandinaviern, was ja der Zweck der Reise Ansgars war, dadurch erschwert wurde.
c) Aus den Raub- und Beutezügen der Normannen in England und auf dem Kontinent.

M 7.7 Die Handelsstadt Birka in Schweden

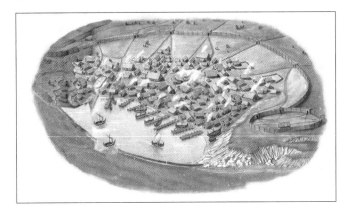

Birka war ein bedeutender, zentraler Handelsplatz (Emporium) in der nordischen Welt des frühen Mittelalters, gelegen auf einer Halbinsel und an einem schützenden Fjord in Mittelschweden gegenüber der Insel Gotland, die ebenfalls ein Knotenpunkt des frühen Handelsgeschehens im Norden war. Aus den schriftlichen Nachrichten ist bekannt, dass Birka im 9. Jahrhundert zum Herrschaftsbereich des Königs Björn gehörte und unter der Verwaltung eines königlichen „Vorstehers" namens Hergeir stand. Die Missionsreisen des Bremer Bischofs Ansgar zeigen außerdem, dass das Christentum damals erste Wurzeln in Birka zu schlagen vermochte (M 7.5). Birka zählte zur ersten Generation solcher von den mächtigeren skandinavischen Fürsten angelegten und betriebenen Emporien, von denen die meisten in der Zeit um die Jahrtausendwende wieder untergingen.
Das Weichbild von Birka gliederte sich in die eigentliche Siedlung mit Hafen („waterfront") an einer geschützten Bucht und die „Burg" auf einer Anhöhe. Beide umgab eine leichte, in Holzkonstruktion errichtete Umfriedung, die wenig Schutz gegen kriegerische Überfälle bot. In den Holzhäusern, die sich meist auf einer Grundfläche von 5 auf 8 Metern erhoben und in einen Wohnbereich mit Vorratsraum und eine Werkstatt oder einen Ladenteil untergliedert waren, lebten Kaufleute und Handwerker aller Art. Sie bildeten bereits eine arbeitsteilige Gesellschaft, die keine eigene Landwirtschaft mehr betrieb und auf Versorgung mit Lebensmitteln aus der näheren oder ferneren Umgebung angewiesen war.

M 7.8 Ein Überfall auf Birka
Die Lebensbeschreibung Ansgars, des berühmten Missionars des Nordens, verfasst um 870, gibt am Beispiel eines Überfalls auf den schwedischen Handelsplatz Birka einen Einblick in die politischen und sozialen Hintergründe der beständigen dänischen und normannischen Fahrten und Überfälle im insularen Westeuropa und auf dem Kontinent. Aus ihrem Land vertriebene Fürsten sammelten anderswo eine möglichst große Flotte und Gefolgschaft, um Beutezüge in der Fremde und auch in der ehemaligen Heimat unternehmen zu können.

Lösung der Aufgaben
a) Abschnitt 1 und 2: Der schwedische König Amund plant einen Überfall auf Birka. Abschnitt 3: Überfall auf Birka. Abschnitt 4: Loskauf Birkas von den „Raubwikingern". Abschnitt 5: Erneute Bedrohung und Hergeirs Appell zur Annahme des Christentums.
b) Die alten vorchristlichen Gottheiten der Skandinavier.
c) Dass nur die Annahme des Christentums die Bewohner von Birka in Zukunft vor den „Raubwikingern" (vgl. M 7.5), vor Plünderung, Verderben und Not schützen könne.
d) Beispielsweise, dass Birka in Siedlung (Wik) und Burg gegliedert war und dass beide Bereiche keine starken Befestigungen aufwiesen, ferner, dass die Häuser aus brennbarem Material (Holz) errichtet waren.

M 7.9 Hacksilber und Schnellwaage

Der umfangreiche Hacksilberfund von Cuerdale, Lancashire, in England illustriert die Rolle des Silbers in der nordischen Welt und für die frühmittelalterlichen Fernhandelskaufleute. Es bildete recht eigentlich die Wäh-rung, die nicht in Nominalwerten von Münzen gemessen wurde, sondern nach Gewicht. Für Handel und Warenaustausch bedurfte es einer Schnell- oder „Feinwaage", mit der das Silber und, wenn vorhanden, auch die Silbermünzen gewogen werden mussten. Jeder Gegenstand, jedes Beutestück aus Silber galt so viel wie bares Geld und konnte – ohne aufwendiges Einschmelzen – bei der Abwicklung von Kauf- und Handelsgeschäften als solches eingesetzt werden, wenn eine Waage parat lag.

M 7.10 Fahrten der wikingischen Kaufleute
Auf der Karte sind die frühen Handelsplätze (Emporien) um Nord- und Ostsee eingetragen. Sie bildeten Drehscheiben des nord- und westeuropäischen Handels und

E Unterrichtshilfen

Verkehrs im frühen Mittelalter und wirkten weit in den europäischen Kontinent hinein. Die Zusammenstellung berücksichtigt nur die frühe Schicht der Emporien aus der Zeit vor 1000, die noch der vorchristlichen Phase angehören und von denen kaum einem Kontinuität seiner Existenz bis ins Zweite Jahrtausend beschieden war. Erst die jüngeren, vorwiegend christlichen Gründungen seit etwa der Mitte des 10. Jahrhunderts erlangten häufig Beständigkeit durch die Jahrhunderte des Mittelalters und der Neuzeit. Die frühen Emporien lagen gewöhnlich nahe der Küste in Schutzlage, also an einem Fjord oder an einem Fluss, um einen möglichst witterungsunabhängigen Hafenbetrieb zu gewährleisten, und waren stets zu Schiff erreichbar.

Lösung der Aufgaben
a) Sie lagen stets an der See oder zumindest nahe der Mündung eines Fjords oder Flusses und waren zu Wasser erreichbar.
b) Bernstein von der Ostsee; Speckstein aus Norwegen; Heringe aus den Gewässern um das nördliche Dänemark; Pelze aus Finnland und Russland usw.

M 7.11 Die Wikinger im Nordatlantik

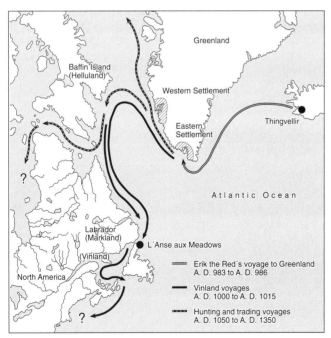

Die Karte zeigt Island, Grönland und den nordamerikanischen Kontinent. Sie macht die Distanzen deutlich, welche die kühnen nordischen Seefahrer überwinden mussten, die um die Jahrtausendwende erste Erkundungen in der ganzen Weite des Nordatlantiks unternahmen. Allerdings folgte die alte Seefahrt anderen Bräuchen als heute. Erik der Rote und Leif Erikson überquerten den Atlantik nicht zu „hoher See", sondern navigierten mit Hilfe der Küstenlinie, in deren Nähe sie sich möglichst bewegten. Auch war es damals nicht üblich, die Nacht auf See zuzubringen, sondern, wenn irgend möglich, an Land.

M 7.12 Ein Siedlungsplatz der Wikinger in Nordamerika

Schon vor geraumer Zeit konnten Archäologen die bekannten Berichte der isländischen Sagas über eine erste Berührung des nordamerikanischen Kontinents durch nordische Seefahrer mit einiger Wahrscheinlichkeit bestätigen. In Kanada fanden sie Teile einer offenbar wikingischen Niederlassung (L'Anse-aux-Meadows). Doch unterscheidet diese abenteuerlustigen Pioniere von den großen Entdeckern der Neuzeit, dass sie keine staatliche Macht hinter sich hatten und auch weder dauerhafte Siedlungen in den von ihnen erkundeten Regionen Nordamerikas noch eine regelmäßige Verkehrsverbindung zum „Mutterland" einzurichten vermochten.

Lösung der Aufgaben
a) Die Aussicht auf Reichtum und Herrschaft über neues Land auf der einen Seite und zum anderen Tradition und Mentalität der skandinavischen Eliten, zu deren Kreis er zählte.
b) Die skandinavischen „Amerikafahrer" waren zu Wenige, um ihre Kolonie dauerhaft zu besiedeln und zu bewirtschaften; außerdem vermochten sie keine kontinuierliche Seeverbindung zum „Mutterland" einzurichten.
c) Weil sie das aus ihrer Heimat Island und ihrer Siedlungstätigkeit auf Grönland so gewohnt waren und außerdem, weil in diesen nördlichen Breiten kaum geeignetes Bauholz zur Verfügung stand.
d) Island; Grönland; Westkolonie; Ostkolonie; Nordamerika; Neufundland (Hellöland; Vinland; Markland).

Sachbücher zum Thema „Wikinger" sind:
Vikings. The North Atlantic Saga. Ed. *William W. Fitzhugh/Elisabeth I. Ward.* Smithsonian Institution Press/National Museum of Natural History, Washington/London 2000.
Die Wikinger. Geschichte und Kultur eines Seefahrervolkes. Hg. von *Peter Sawyer,* Stuttgart 2000.

Ein Kinderbuch zum Thema „Wikinger" ist:
Sven Nordqvist/Mats Wahl/Björn Ambrosiani, Die Leute von Birka: So lebten die Wikinger, Verlag Friedrich Oetinger, Hamburg 2002.

Unterrichtshilfen E

8. Erzbergbau, Edelmetall und Münzen

Einführung

Beim alten Bergbau sind sehr unterschiedliche und ungleich bedeutende Sparten zu unterscheiden, einmal die Salzgewinnung (die in den alten Zentren wie Soest und Lüneburg allerdings auf Solegewinnung aus dem Untergrund basierte) dann der Bergbau auf Kohle beispielsweise im Ruhrgebiet und in Aachen und Lüttich, und schließlich der Erzbergbau auf Eisen und vor allem auf Buntmetalle einschließlich des Münzmetalls Silber. Die Salzgewinnung aus dem „Berg" ist bereits in frühmittelalterlicher Zeit bezeugt, während der Steinkohlebergbau im Hoch- und Spätmittelalter einsetzt. Beim Erzbergbau, der hier im Mittelpunkt stehen wird, handelt es sich zweifelsohne um die wirtschaftlich und politisch bedeutendste Sparte. In der Wissenschaft ist strittig, wieweit die mittelalterliche Erzgewinnung in antiker Kontinuität steht. Jedenfalls haben die Römer in beträchtlichem Umfang Buntmetalle wie Kupfer, Blei und Silber in den Mittelgebirgen ihrer nordalpinen Provinzen abgebaut, und es ist klar, dass diese Gruben, die teils bereits unter Tage betrieben worden sind, die hauptsächlichen Anknüpfungspunkte für den mittelalterlichen Erzbergbau boten. Während der Periode des frühen Mittelalters lief die Silbergewinnung offenbar langsam wieder an, aber das meiste Silber musste noch aus dem muslimischen Bereich importiert werden. Erst um die Jahrtausendwende verstärkten die Fürsten ihre Bemühungen in dieser Richtung und es kam zu einem neuen Boom im Montansektor. So heißt es in der „Sachsengeschichte" Widukinds, Kaiser Otto der Große (936–973) habe die Silbervorkommen am Rammelsberg im Harz erschließen und erstmals in großem Umfang ausbeuten lassen. Anfänglich scheint noch der Tagebau vorgeherrscht zu haben, aber schon im 11. und 12. Jahrhundert wurden die Techniken des Untertagebaus und der dazu notwendigen Wasserhaltung entwickelt und verbreiteten sich rasch über ganz Europa. So konnte der Erzbergbau und die Metallurgie zum Ausgangspunkt und Motor für die generelle Entwicklung der Technik und schließlich der „industriellen Revolution des Mittelalters" (Jean Gimpel) werden.

Didaktische Hinweise

Den alten Bergbau und die Metallurgie umgab bis in die Neuzeit hinein die Aura des Geheimnisvollen und der Zauberei. Weitverbreitet war die Vorstellung von einem Bündnis oder der Verbindung der Bergleute, der Köhler und der Schmelzer mit dem Teufel (Alchemisten, Faust). Das hat sich in Sagen und Märchen niedergeschlagen und kann als Ansatzpunkt für den Einsatz in der Schule genutzt werden.

Zu den Materialien

Übersicht

Themen	Methoden	Materialien
Gewinnung des Erzes	Bildbetrachtung	M 8.1
	Textanalyse, Aufgaben	M 8.2
	Textanalyse, Aufgaben	M 8.3
	Bildbetrachtung, Aufgabe	M 8.4
Metalle und Macht	Textanalyse, Aufgaben	M 8.5
	Textanalyse, Aufgaben	M 8.6
Münze und Geld	Bildbetrachtung, Aufgaben	M 8.7
	Textanalyse, Aufgaben	M 8.8

M 8.1 Erzbergbau (Folie in Farbe)

Das Altarbild, das Hans Hesse im Jahre 1521 für die Kirche der sächsischen Bergbaustadt Annaberg malte, zählt zu den herausragendsten Bildzeugnissen vom alten Bergbau in Deutschland. Dargestellt ist das gesamte Bergbaugeschehen und die Metallurgie in einem Erzbergbaurevier. Der Künstler gruppierte die Darstellung um die Legende vom Auffinden des Erzes durch den Propheten Daniel (links oben am Baum) und den Bergleutepatron Wolfgang (links unten). Während die Haupttafel vom Untertagebau handelt, thematisiert die Untersatztafel die langwierige Aufbereitung des Erzes und die Seitenflügel die Verhüttung/Metallurgie (links) und das Schlagen der Münzen (rechts).

E Unterrichtshilfen

M 8.2 Arbeiten der Bergleute

In der Bergordnung des Abtes Martin von St. Trudpert im Schwarzwälder Münstertal vom Jahre 1512 werden den Bergleuten die Privilegien verliehen, die sie zum Betrieb der Erzgruben und für die Metallproduktion benötigen. Sie dürfen Stollen und Schächte bauen, wo es erforderlich ist. Außerdem bekommen sie ein umfängliches Wegerecht zu Lande und zu Wasser, das Recht, Holz einzuschlagen (für die Köhlerei und den Grubenbau) und das geförderte Erz zu verhütten. Hier werden die einzelnen Stufen der Erzaufbereitung und Metallproduktion genannt, die sich im näheren und weiteren Umkreis der Bergwerke abspielen: das Schlichten, Waschen und Rösten des Erzes und schließlich das Ausschmelzen des Metalles.

Lösung der Aufgaben
a) Abt Martin von St. Trudpert setzte 1512 fest, dass die Bergleute „zu den (weiter oben im Text beschriebenen) Bergen mit Erzgängen Stollen und Schächte bauen dürfen, wie es die jeweilige Situation der Grube erfordert. Auch haben Wir, der genannte Abt und Konvent, ihnen Weg und Steg, Platz, Stein und Gewässer (ohne Fischereirecht) verliehen. Sie dürfen Holz einschlagen, eine Hütte (zum Verhütten des Erzes) errichten, das Erz rösten, Kohlen brennen (Köhlerei), das Erz waschen und schmelzen, und überhaupt alles tun, was zum Betrieb der Gruben nötig ist".
b) Siehe a).
c) Vor allem das Waschen des Erzes und das Schmelzen

M 8.3 Aus einer Schwarzwälder Bergordnung (um 1370)

Aus der umfangreichen Bergordnung des Johann von Üsenberg aus dem Südschwarzwald wurden einige wichtige Paragraphen ausgewählt. Sie machen die herausragende Stellung und die Vorreiterrolle der Bergleute in der mittelalterlichen Gesellschaft und Arbeitswelt deutlich. Die Arbeit in den Gruben ist bereits in regelmäßige und zeitlich genau umrissene Schichten eingeteilt. Acht Stunden werden an einem gewöhnlichen Werktag gearbeitet, während an Feiertagen und Samstagen nur vier Stunden eingefahren werden muss. Dem Bergvogt obliegt eine strenge Aufsicht über das gesamte Revier mit zahlreichen Gruben und die Gerichtsbarkeit, während der Hutmann (von „hüten") die Aufsicht über jeweils ein Bergwerk wahrnimmt. Interessant sind auch die strengen Vorschriften zum Schutz der Bergleute.

Lösung der Aufgaben
a) –
b) Die Produktion des Metalls.

M 8.4 Die Feinde des Bergbaus (Folie in Farbe)

Die in vier Quadranten geteilte „Scheibe" findet sich im Schwazer Bergbuch, das im 16. Jahrhundert in mehreren Versionen angefertigt wurde. Das Revier von Schwaz bei Innsbruck in Nordtirol zählte zu den ertragreichsten Silberminen Europas im späten Mittelalter und an der Schwelle zur Neuzeit. Es trug erheblich zur Liquidität Kaiser Maximilians I. bei, der die Schwazer Silberproduktion insgesamt gegen horrende Summen an Augsburger Großkaufleute zu verpfänden pflegte. In der Darstellung

des Bergbuchs wurde den zahlreichen Bergleuten dieses bedeutenden Reviers drastisch vor Augen geführt, wie vergänglich der Reichtum eines Reviers sein konnte und welche äußeren Einflüsse es vor allem in seinem Bestand bedrohten: Krieg (links oben), Tod und Massensterben durch Seuchen (rechts oben), Teuerung (links unten) und Trägheit oder Müßiggang (rechts unten).

Lösung der Aufgabe
Krieg (links oben), Tod und Massensterben durch Seuchen (rechts oben), Teuerung (links unten) und Trägheit oder Müßiggang (rechts unten). Alle diese Faktoren behinderten oder verhinderten den kontinuierlichen Fortgang des Gruben- und Hüttenbetriebes unter Einsatz von vielen, schwer ersetzbaren Spezialisten, wie er für die Gewinnung des Silbers, aber auch von Blei und Kupfer notwendig war.

M 8.5 Eine Sage aus dem Schwarzwald

Die Köhlersage aus dem Schwarzwald knüpft an die mittelalterlichen Fürsten aus dem Hause der Zähringer an (ausgestorben 1218), denen schon von den Zeitgenossen sagenhafter Reichtum aus dem Silberbergbau nachgesagt wurde, mit dessen Hilfe sie angeblich die Krone im Reich erstrebten. Ihr Name verknüpfte sich deshalb in Volkes Mund mit den geheimnisumwitterten Anfängen der Silbergewinnung in dieser Region überhaupt. Wie dem auch immer gewesen sein mag: die Sage thematisiert ähnlich wie das Märchen von Schneewittchen und den sieben Zwergen die geheimnisvolle Machtgrundlage der mittelalterlichen Fürsten: das Währungsmetall Silber, von dem zwar bekannt war, dass es aus dem Berg kommt, aber die komplexen Prozesse der Erzgewinnung und der Metallurgie blieben allgemeiner Einsicht weitgehend verschlossen. So kam es, dass sich die Menschen dieses Geschehen oft als „Schwarzkunst", beruhend auf einem Bund des Fürsten mit dem Satan, zu erklären versuchten. Allgemeine Bekanntheit erlangt hat die „Schwarzkunst" dann mit den Alchemisten des Spätmittelalters und der frühen Neuzeit, die bekanntlich das andere Edelmetall Gold herzustellen versuchten und unter denen durch Goethes Tragödie Dr. Faustus berühmt geworden ist.

Lösung der Aufgaben
a) –
b) Dass er es vermochte, Silber zu gewinnen.
c) Das komplizierte Ausschmelzen des Silbers aus dem Erz.
d) Weil sie ihrem Gewerbe fern der Siedlungen in den Gebirgen und tiefen Wäldern nachgingen, vor denen die Menschen sich fürchteten und die sie mieden.
e) Weil Reichtum an Edelmetall in den Augen der damaligen Menschen den Charakter verdarb und man sich solchen Reichtum nur damit erklären konnte, dass der Fürst ein Bündnis mit dem Teufel eingegangen sein musste.

M 8.6 Bergrechte eines Fürsten (1286)
Die Grafen von Freiburg traten nach dem Ende der Herzöge von Zähringen deren Erbe an, darunter auch die Bergherrlichkeit oder Berggerechtigkeit im südlichen Schwarzwald. Als Graf Egeno von Freiburg mit Herzog Friedrich von Lothringen die Heirat zwischen seinem Sohn und der Tochter des Lothringers aushandelte, musste er jenem auch seine „Vermögensverhältnisse" offenlegen. Dazu diente das vorliegende Schreiben aus dem Jahre 1286. Die Bergherrlichkeit, d.i. das sog. Bergregal, beanspruchte im Hochmittelalter das Königtum, und die Könige verliehen es weiter an die Fürsten. Da Egeno über das Bergregal in bestimmten Regionen des südlichen Schwarzwalds verfügte, konnte er damit auch seinen fürstlichen Rang und die Ranggleichheit mit dem Herzog von Lothringen nachweisen.

Lösung der Aufgaben
a) Eine Konzession im Bergbau ist das Recht, ein Bergwerk einzurichten, es zu betreiben, Erz zu fördern und daraus Metall zu gewinnen.
b) Dem Grafen Egeno standen als Bergherrn je nach Ergiebigkeit der Grube 6,3%, 5% oder 3,3% allen gewonnenen Silbererzes zu.

M 8.7 Eine Münzprägerei und eine Münze
Der Blick in ein spätmittelalterliches Münzatelier zeigt alle wichtigen Schritte der Münzprägung im Mittelalter. Oben links wird das Silber im Ofen geschmolzen, in Bildmitte stellt ein Schmied daraus dünnes Blech her, das links unten zu Rohlingen geschnitten und rechts unten auf einem Prägestock zu Münzen ausgeprägt oder „geschlagen" wird. Die frisch geprägten Münzen darf man in der Truhe unten in Bildmitte vermuten, oben in der Mitte führt der Münzmeister an seinem Schreibtisch mithilfe einer Feinwaage (links an der Wand) sorgfältig Buch über Ein- und Ausgang von Silber und Münzen. Im vorliegenden Bild erstattet er offenbar dem zu seiner Linken stehenden Münzherrn Bericht und legt diesem gegenüber Rechenschaft ab.
Die Münze ist ein vierzipfliger Basler Pfennig aus der Zeit um 1200, der ein Kolbenkreuz und vier Ringe zeigt. Damals wurden die Münzen meist einseitig auf dünnem Silberblech geprägt, und da die Rohlinge mit einer

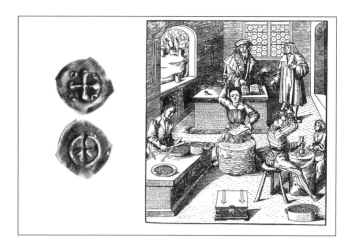

Schere aus dem Blech geschnitten wurden, waren sie nicht rund, sondern weisen die typischen „Zipfel" auf. Gebräuchliche Münzen waren im Mittelalter der Denar (lat. „Zehner"), auch Pfennig oder Heller.

Lösung der Aufgaben
a) Schmelzen des Silbers; Schmieden dünnen Silberblechs; Ausschneiden der Rohlinge; Prägen der Rohlinge; Verwahren in der Truhe; währenddessen genaue Buchführung über das verarbeitete Silber sowie Zahl und Gewicht der Münzen.
b) Weil das dünne Silberblech eine doppelseitige Prägung nicht zuließ.
c) Um dem Münzherrn, in der Regel dem Fürsten, Rechenschaft zu geben.
d) Weil die Rohlinge mit einer Metallschere aus dem Silberblech „ausgeschnitten" wurden.

M 8.8 Ein Reichsgesetz über das Münzrecht (1231)
Wie das Recht, Bergbau zu betreiben, hatte auch das Münzrecht im Mittelalter seinen Ursprung beim König bzw. beim Reich. Der König verlieh diese Regalien („Königsrechte") an die Fürsten, die sie ihrerseits selbst nutzen und zusätzlich weiter verleihen konnten. Es gab daher in zahlreichen Städten Münzateliers (vgl. M 8.7), und so zahlreich wie diese waren auch die Währungen, die damals in Umlauf waren. Solche Vielfalt beim Geld erschwerte den Handel. Das Reichsgesetz zielte auf die Schaffung einheitlicher Rahmenbedingungen und Vereinfachung von Handel und Geldverkehr.

Lösung der Aufgabe
a) Die Bestimmung(en) über Geldfälschung.

Ein Sachbuch zum Thema des alten Bergbaus ist:
Meisterwerke bergbaulicher Kunst vom 13. bis 19. Jahrhundert. Katalog zur Ausstellung des Deutschen Bergbau-Museums Bochum und des Kreises Unna auf Schloss Cappenberg vom 6. Sept. bis 4. Nov. 1990. Hg. von *Rainer Slotta/Christoph Bartels*, Eigenverlag des Deutschen Bergbau-Museums, Bochum 1990.

E Unterrichtshilfen

9. Der Investiturstreit

Einführung

Im Investiturstreit, der hier nur sehr knapp angesprochen werden kann, gipfelte die Auseinandersetzung zwischen Imperium und Papsttum, den beiden höchsten Autoritäten in der mittelalterlichen Welt, im Zeitalter der Kirchenreform. Beide Gewalten erhoben Anspruch auf universale Geltung und auf Suprematie, und beide gingen sie geschwächt aus dem Streit hervor. Weil im Investiturstreit die Einheit des mittelalterlichen Weltbilds zerbrach, markiert er eine tiefe Zäsur in der Geschichte des Mittelalters und bereitete dem Anbruch eines neuen Zeitalters den Weg. Der eigentliche Investiturstreit umfasste die Zeitspanne zwischen Heinrichs berühmten Gang nach Canossa 1077 und dem Kompromiss-Vertrag des Wormser Konkordats 1122, während als „Zeitalter der Kirchenreform" die weitere Periode von den ersten Regungen der Mönchsreform und der Gründung des Klosters Cluny bis weit ins 12. Jahrhundert hinein gelten kann.

Didaktische Hinweise

Bei diesem zentralen Thema der europäischen Geschichte des Mittelalters empfiehlt es sich, in der Schule die ereignisgeschichtlichen Elemente und Einblicke in konkrete menschliche Situationen in den Vordergrund zu stellen.

Zu den Materialien

Übersicht

Themen	Methoden	Materialien
Investitur	Bildbetrachtung Textanalyse, Aufgaben	M 9.1 M 9.2
Der Zug über die Alpen	Textanalyse Kartenarbeit, Aufgaben	M 9.3 M 9.4
Canossa	Textanalyse Bildbetrachtung, Aufgaben	M 9.5 M 9.6

M 9.1 Die Investitur Bischof Adalberts

Neben vielen anderen Szenen aus dem Leben des Pruzzenmissionars Adalbert zeigen die aus Bronze gegossenen Türen der Domkirche von Gnesen (Polen) aus den Jahren um 1120 die Investitur des böhmischen Heiligen zum Bischof, d. h. seine „Einkleidung" und Belehnung durch Kaiser Otto II. Dies geschah in einem feierlichen Akt, bei dem der Herrscher dem künftigen Bischof und Reichsfürst die Insignien seiner Amtsgewalt, den Stab (baculum) als Zeichen der weltlichen Herrschaft und den Ring als Zeichen des kirchlichen Amtes, überreichte. Anschließend erfolgte die Huldigung des Bischofs, zu der sich Adalbert bereits mit gebeugten Knien anschickt. Die Investiturgewalt war deshalb so wichtig für das Königtum im deutschen Reich, weil sich das königliche Regiment seit den ottonischen Herrschern (919-1024) weitgehend auf die kirchlichen Fürsten stützen musste.

M 9.2 Dictatus Papae

Mit Gregor VII., dem Papst von Canossa, bestieg ein tief in der Kirchenreform und im cluniacensischen Mönchtum verankerter Mann den Heiligen Stuhl. Er waltete seines Amtes in den Jahren zwischen 1073 und 1085 und erließ gleich in den ersten Tagen seines Pontifikats ein klares und kompromissloses Programm zum Zweck der Sicherung des päpstlichen Führungsanspruches nicht nur in der westlichen Kirche, sondern auch vor jeglicher weltlicher Macht. Es ist niedergelegt und in kurzen „Merksätzen" zusammengefasst im Dictatus Papae. Der Text ist hier gekürzt wiedergegeben.

Lösung der Aufgaben
a) Den Stab (Krummstab, Krümme).
b) 1. Die römische Kirche ist von Gott begründet worden.

c) Er erstreckte sich auch über den Kaiser, von dem unbedingte Unterwerfung gefordert wird.

M 9.3 König Heinrichs Zug über die Alpen
Am eingängigsten unter den Geschichtsschreibern jener Zeit berichtet Lampert von Hersfeld über Heinrichs Canossa-Gang, der den König im Büßergewand winters über die tiefverschneiten Alpen führte. Heinrich war zuvor vom Papst gebannt worden, und mit seiner aufsehenerregenden Reise wollte der König die Lösung vom päpstlichen Bannspruch erlangen. Der päpstliche Bannfluch bewirkte neben dem Ausschluss aus der Gemeinschaft der Gläubigen nach herrschender Anschauung auch den Verlust der Krone.

M 9.4 Wege über die Alpen

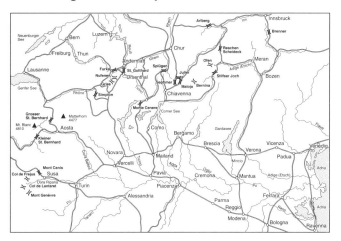

Für die Geschichte des transalpinen Handels und Verkehrs bedeutete die Epoche des Investiturstreits ebenfalls einen tiefen Einschnitt, denn zu den teilweise bereits seit der Antike genutzten traditionellen Passübergängen (Mont Cenis, Großer St. Bernhard, Julier, Septimanier, Lukmanier, den churrätischen Pässen usw.) kamen nun neue hinzu. An erster Stelle ist der immer noch bedeutende St. Gotthard-Pass zu nennen, der wohl im Verlauf des 12. Jahrhunderts erschlossen und ausgebaut wurde. Heinrich musste mit kleinem Gefolge und einigermaßen schutzlos über den Mont Cenis in den Westalpen ziehen, da ihm die zentralen Alpenpässe durch seine Gegner im Reich verschlossen blieben.

Lösung der Aufgaben
a) Um die Wiedereinsetzung in sein Königtum und Reich zu erlangen.
b) Mont Cenis, Großer und Kleiner St. Bernhard, St. Gotthard, Splügen, Septimer, Julier, Reschen usw.
c) Heute können die Alpen nicht nur zu Fuß, sondern mit der Eisenbahn, dem Auto u. a. Verkehrsmitteln überquert werden.

M 9.5 Aus einem Schreiben Papst Gregors VII. an die deutschen Fürsten (1077)
In dem Schreiben aus dem Winter 1077 berichtet der Papst den deutschen Fürsten über König Heinrichs Bußgang nach Canossa und seine Lösung vom Bann. Damit erlangte Heinrich gemäß den Anschauungen der Zeit auch die Krone wieder, und die Avancen der deutschen Fürsten, die argwöhnisch auf jeden Schritt des Königs achteten, gingen ins Leere. Gleichwohl erhoben sie ihrerseits, nun gegen den erklärten Willen des Papstes, den Schwabenherzog Rudolf zum Gegenkönig.

M 9.6 Eine Miniatur

Eine Miniatur aus dem „Leben der Mathilde" (um 1115) veranschaulicht die prekäre Situation, in die König Heinrich durch den päpstlichen Bannspruch geraten war. Er kniet im Vordergrund und bittet die Markgräfin Mathilde von Tuszien, zu deren Besitzungen die Burg von Canossa zählte, und den angesehenen Abt Hugo von Cluny um Fürsprache bei Papst Gregor.

Lösung der Aufgaben
a) König Heinrich, Abt Hugo von Cluny, die Markgräfin Mathilde von Tuszien.
b) König Heinrich bittet den Abt Hugo von Cluny und Mathilde um Fürsprache bei Papst Gregor.
c) Sie bürgten persönlich für König Heinrichs Gegenleistungen, die dieser dem Papst für seine Lösung vom Bann versprechen musste.

E Unterrichtshilfen

10. Stadt und Bürgertum

Einführung

Die meisten europäischen Städte sind während des Mittelalters begründet worden, eine Ausnahme bilden nur die ehemaligen Regionen des antiken Römischen Reiches, wo der Ursprung der Städte vielfach bis ins Altertum zurückreicht. Vom 11. bis zum 13. Jahrhundert kommt es im bis dahin stadtarmen Europa nördlich der Alpen zu einer regelrechten Stadtgründungswelle. Königtum, Fürsten und Territorialherren, ja sogar der kleinere Adel, wetteifern miteinander auf diesem Feld. Viele Städte, die damals entstanden, gingen bereits nach wenigen Jahren oder Jahrzehnten wieder ein. Ansatzpunkt für eine Stadtgründung war meist ein Markt, von dem sich der Gründer wirtschaftlichen Aufschwung in seinem Herrschaftsgebiet und Einkünfte versprach. Ein typisches Beispiel hierfür ist die Gründung von Freiburg im Breisgau durch die Herzöge von Zähringen, wo der Fürst den „Marktgenossen" (= Kaufleuten) und künftigen Bürgern ein ganzes Paket von Vergünstigungen als Anreiz für die Niederlassung gewährte (M 10.1). War das Leben im frühmittelalterlichen Europa von der agrarisch-feudalen, landsäßigen Gesellschaft geprägt, so erlangte mit den aufstrebenden Städten eine neue Lebensordnung an Bedeutung, in der die moderne bürgerliche Gesellschaft ihre Wurzeln hat. Lebensweise und Gesellschaft innerhalb der Stadtmauern unterschieden sich grundlegend von jener der ländlichen Umgebung. Markt, Geldwirtschaft, Handel und Verkehr sowie eine arbeitsteilige Wirtschaftsweise waren ihre Kennzeichen. Stadtluft macht frei, lautet durchaus treffend ein bekanntes Wort, auch wenn „frei" dabei nicht mit den aktuellen Inhalten des Begriffs gefüllt werden darf.

Didaktische Hinweise

Da die meisten unserer Städte ihre Wurzeln im Mittelalter haben, gibt es eine Vielfalt von Anknüpfungspunkten im Erfahrungsbereich der Schüler. Von den Straßennamen in der modernen Stadt, die nicht selten an die mittelalterlichen Gewerbebereiche anknüpfen, spannt sich der Bogen über die alten Kirchen, den Wochenmarkt, Reste der Stadtbefestigung, alte Häuser und Hausnamen bis hin zu Brücken und öffentlichen Gebäuden wie Zunftstuben, Spitälern und Rathäusern. Schließlich hat sich in vielen Städten altes Brauchtum aus dem Mittelalter erhalten.

Zu den Materialien

Übersicht

Themen	Methoden	Materialien
Stadtgründung und Stadtrecht	Textanalyse, Aufgaben Bildbetrachtung, Aufgaben Textanalyse Textanalyse, Aufgaben	M 10.1 M 10.2 M 10.3 M 10.4
Wirtschaft	Textanalyse, Aufgaben Bildbetrachtung Textanalyse, Aufgaben	M 10.5 M 10.6 M 10.7
Stadtverfassung	Bildbetrachtung	M 10.8

M 10.1 Die Gründung einer Stadt

Die vorliegende Urkunde des Fürsten Konrad von Zähringen, in der über die Gründung eines Marktes und einer Marktsiedlung zu Freiburg im Jahre 1120 berichtet wird, bildete die Grundlage für die Entwicklung Freiburgs zur Stadt und für das Freiburger Stadtrecht. Sie zählt zu den bedeutendsten und ältesten Zeugnissen ihrer Art. Im Schlussprotokoll (das hier nicht mitabgedruckt ist) sicherte der Fürst als Stadtherr seinen künftigen Freiburgern die gewährten Vergünstigungen durch Schwur vor seinen zwölf treuesten Rittern als Zeugen zu.

Lösung der Aufgaben

a) Er wollte damit seine Macht und sein Ansehen steigern. Außerdem versprach er sich Einnahmen aus den Steuern und Abgaben der Stadtbewohner und der Marktleute.

b) Weil sie wertvolle Waren transportierten und in der Regel als Nichtadlige und Angehörige des Bürgerstandes selbst keine Waffen tragen oder führen durften.

c) Mit dem garantierten Marktfrieden, unbeschränktem Erbrecht, Zollerlass, den Vergünstigungen von Konrads Rittern und Dienstleuten, Zusicherung städtischer Selbstverwaltung, Freizügigkeit der Bürger.

M 10.2 Nürnberg, Burg und Stadt (Folie in Farbe)

Nürnberg in seiner ganzen spätmittelalterlichen Pracht führt diese Illustration der Schedelschen Weltchronik (Nürnberg 1493) vor Augen. Die Kaiserburg aus der Zeit der Staufer beherrscht die Silhouette der Stadt und markiert

Unterrichtshilfen E

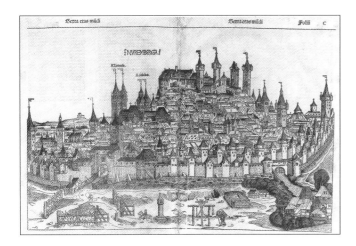

den Sitz des Stadtherrn bzw. seines örtlichen Statthalters. Zahlreiche Kirchtürme ragen aus dem Häusermeer. Gemeinsam mit der starken, zweifachen Stadtmauer, die durch Wehr- und Tortürme noch zusätzlich gesichert ist, demonstrieren sie den Reichtum, den Gemeinsinn und Wohlstand dieser mittelalterlichen Großstadt, deren Waren in ganz Europa geschätzt wurden.

Lösung der Aufgaben
a) In den hoch aufragenden Gebäuden der Burg.
b) Mit einer Stadtmauer.
c) Tore und Ecken, die meist mit Türmen besonders gesichert wurden.
d) Sie wollten damit vor allem ihren Reichtum und ihre Macht demonstrieren.
e) An der aufwendigen doppelten Stadtmauer und an den zahlreichen Kirchen in der Stadt.

M 10.3 Über Vergehen und Strafen
Die mittelalterliche Stadt war je nach Tradition und Stadtherr mehr oder minder autonom und verwaltete sich in diesem Rahmen selbst. Das gilt auch für das Rechtswesen und die Justiz. Die Hoch- oder Blutgerichtsbarkeit behielt der Stadtherr meist bei sich, während die niedere Gerichtsbarkeit beim Rat lag und durch Gerichtsbeamte ausgeübt wurde. Der Rat beriet und erließ auch die Rechts- und Strafordnungen, in denen sich das Zusammenleben in der Stadt widerspiegelt.

M 10.4 Eine Sage
Das Bürgerrecht in der mittelalterlichen Stadt beruhte auf Haus- und Grundeigentum, von dem der Bürgerzins an den Stadtherrn zu zahlen war. Es war das wertvollste Gut des Bürgers, er konnte es jederzeit verkaufen und fortziehen (Freizügigkeit) oder es seiner Frau und seinen Nachkommen ohne Minderung vererben. Das erklärt, warum die Wegnahme oder Versetzung von Grenzsteinen zu den schlimmsten Vergehen zählte.

Lösung der Aufgaben
a) Um zu verhindern, dass der Delinquent nochmals vorsätzlich den Frieden bricht, und um ihn für jedermann sichtbar aus der Gemeinschaft auszuschließen.
b) Städtisches Gericht: kleinere Vergehen, aber auch Körperverletzung. – Stadtherr: Kapitalverbrechen, Grenzsteinfrevel.
c) Dass der Richter das Strafmaß festsetzen konnte, wie ihm das nützlich erschien.
d) Erwachsene Männer.
e) Weil sie den Besitz der einzelnen Bewohner bezeichneten, von denen Steuern und Abgaben gefordert wurden, durften sie keinesfalls „verrückt" werden.

M 10.5 Zünfte in Esslingen (1331)
Nur wer über Grund- und Hauseigentum verfügte und seinen Grundzins an den Stadtherrn abführte, war Vollbürger mit allen Rechten (und Pflichten) in der Stadt. Das galt in der Regel für die Fern- und Großkaufleute und vielfach auch für die Handwerksmeister. Die Handwerksgesellen und -gehilfen zählten zum Haushalt ihres jeweiligen Meisters. Alle Berufstätigen und Gewerbetreibenden in der Stadt waren in Zünften nach Berufssparten organisiert, Mitgliedschaft in der jeweils zuständigen Zunft war nicht freiwillig, es herrschte Zunftzwang. Die vorliegende Esslinger Ordnung zählt die Zünfte in der Stadt am Neckar auf und ordnet ihnen die große mittelalterliche Vielfalt von Handwerken und Berufssparten zu.

Lösung der Aufgaben
a) Küfer, Zimmermann, Schuhmacher („Flickschuster"), Schneider, Metzger, Fischer, Weingärtner, Gärtner, „Ackersleute", „Brotbäcker", Weinhändler.
b) Fassbinder, Zimmermann, Schuhmacher, Schuster, Schwertfeger, Tucher, (Woll-)Weber, Schneider, Schmied, Wagner, Metzger, Fischer, Bader, Krämer, Sattler, Weißgerber, Gärtner, Ackermann, Ziegler, Töpfer, Gerber, Bäcker, Müller, Steinhauer, Eichmann, Fuhrmann, Kleinkrämer, Kürschner.
c) Der Schwertfeger poliert Schwerter; der Tucher stellt Stoffe (Tuche) her, der Wollweber Wollstoffe, der Hutmacher Hüte; der Bader ist im Bad tätig; der Aderlasser zapft Blut ab und nimmt kleinere chirurgische Eingriffe vor; der Krämer ist ein Klein- oder Einzelhändler; der Sattler erledigt Lederarbeiten; der Weißgerber stellt Feinleder her; der Kornmesser handelt mit Getreide; der Eicher eicht Gefäße und überwacht den Handel mit Getränken; der Weinzieher füllt Wein in Fässer und sonstige Gefäße; der Trödler handelt mit gebrauchten Gegenständen; der (Kürsch-)Näher verarbeitet Felle.
d) –

M 10.6 Auf einem Markt
Markt und gewerblich geprägte Siedlung, wie sie an allen Fürstensitzen entstanden, waren die hauptsächlichen Ansatzpunkte für die Entwicklung einer Stadt im Mittelalter. Marktrecht, Zoll und Münze bildeten in aller Regel die rechtliche Grundausstattung eines Stadtherrn. Diese Regalien (von der Krone herrührende Rechte) wurden gewöhnlich mit dem Fürstentum vom König verliehen. Unter dem Begriff „Markt" fassen wir unterschiedliche Arten von Märkten und Messen zusammen, vor allem den in wöchentlichem Turnus stattfindenden Wochenmarkt und den in halbjährlichem oder jährlichem Intervall abgehaltenen Jahrmarkt (heute: Messe). Unsere Szenen stammen sichtlich von einem Wochenmarkt, auf dem vorwiegend Lebensmittel u.ä. schnell verderbliche Ware feilgeboten wurde. Die erste Szene aus Ulrich Richentals Chronik des Konstanzer Konzils (15. Jahrhundert) zeigt einen Metzgerstand mit Geflügel und größeren Schlacht-

E Unterrichtshilfen

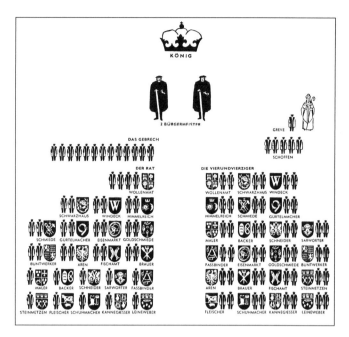

tieren, die zweite einen Fischhändler, der aber auch Teile von großen Schlachttieren anbietet. In Szene drei ist eine weitere „Fleischbank" dargestellt, spezialisiert auf mittelgroße Tiere (Ziege, Schaf und Hase), in Szene vier sind Schnecken, vielleicht Wachteln, kleinere Vögel, Frösche oder Eier neben den in Konstanz am Bodensee obligatorischen Fischen, hier wohl Aale, im Angebot.

M 10.7 Aus der Straßburger Stadtordnung (um 1130)

Die Stadt Straßburg am Oberrhein erwuchs aus einem Bischofssitz und der bischöflichen Gewerbe- und Marktsiedlung. Bis ins späte Mittelalter hinein erließen die Bischöfe als Stadtherren Ordnungen für „ihre" (sich allerdings immer mehr von ihrem Herrn lösende) Stadt, die unter anderem die Zölle auf Waren und die Verteilung der Zolleinnahmen festlegten.

Lösung der Aufgaben
a) Schwerter, Öl, Nüsse, Äpfel, Salz, Wein, Getreide, Kohle, Hanf.
b) Auf alle Handelsgüter und Waren wurden Zölle erhoben. Sie standen dem Burggrafen, dem (städtischen) Zolleinnehmer bzw. dem Stadtherren gemäß den Bestimmungen der Stadtordnung anteilig zu.
c) Im Abschnitt mit der Nummer 48.

M 10.8 Die Regierung der Stadt Köln

Das Schema stellt die Verfassung der Stadt Köln im späten Mittelalter dar. Oben steht die Krone für den König als Stadtherrn. Ursprünglich war der Kölner Erzbischof Stadtherr gewesen, nach dessen Vertreibung erkannten die Kölner nur noch den König als Herrn an. Die beiden Bürgermeister wurden vom Rat gewählt. Relikt der alten Stadtherrschaft des Erzbischofs ist allein das Hochgericht („Blutbann"), dessen Vorsitzenden (Greve, Burgvogt) und Beisitzer (Schöffen) er nach wie vor ernannte. Der Rat bestand aus 49 Ratsherren, 36 von ihnen wurden nach dem Schema links von den Gaffeln gewählt, die anderen 13 hießen das „Gebrech". Sie wählte der Rat aus beliebigen Gaffeln hinzu. Den eigentlichen Rat der 49 ergänzten die Vierundvierziger, bestehend aus je zwei Delegierten aus jeder der 22 Gaffeln (Zünfte bzw. Gilden), die bei wichtigen Beschlüssen hinzugezogen werden mussten.

Lösung der Aufgaben
a) Für die Mitglieder des Stadtrates.
b) Berufssymbole bzw. Hausschilder.
c) Z. B. an Wirtshäusern oder Apotheken.
d) Durch eine relativ geringe Zahl von Zünften konnte die komplizierte Verfassung praktikabel gestaltet werden.

Ein Sachbuch zum Thema Stadt im Mittelalter ist:
Leonardo Benevolo, Die Stadt in der europäischen Geschichte, Verlag C.H. Beck, München 1993.

MATERIALIEN

M 1.1 Kaiser Mark Aurel (161–180) – die Tetrarchen (um 300)
(Diocletian, Maximian, Galerius und Constantius I. Chlorus)

Worterklärung
Tetrarchen (griech.): Kaiser einer Viererherrschaft

Aufgaben
a) Vergleiche die Darstellung des Kaisers und der Tetrarchen (Pferd, Kleidung, Gestus, Bart- und Haartracht)!
b) Was drückt die Darstellung der Tetrarchen aus?

M 1.2 Das spätantike Imperium Romanum und die Nachbarvölker (um 400)

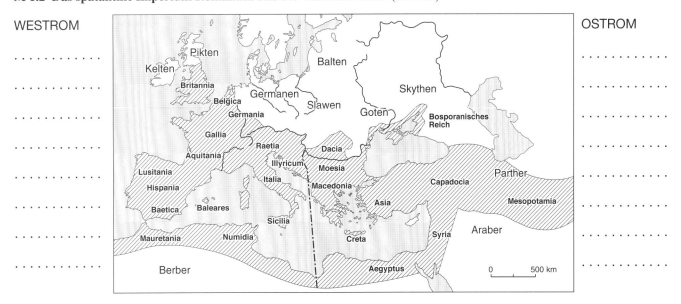

Aufgaben
a) Beschreibe die Ausdehnung des Römischen Reiches zur Zeit der Vierkaiserherrschaft!
b) Trage mit Hilfe eines Atlas die heutigen europäischen Staaten auf dem Gebiet des Römischen Reiches ein und ordne sie Westrom oder Ostrom zu!
c) Warum trugen jugoslawische Briefmarken verschiedene Schriften?
d) Informiere dich über die konfessionellen Verhältnisse auf dem Balkan!

MATERIALIEN

M 1.3 Aus dem Bericht des Tacitus über die Germanen (98 n. Chr.)

Könige wählen sie auf Grund ihres Adels, Heerführer nach ihrer Tapferkeit. Auch die Könige haben keine unumschränkte oder auch nur freie Gewalt. Die Führer befehligen mehr durch ihr Beispiel als durch Machtbefugnis, wenn sie stets zur Stelle sind, wenn sie hervorragen, wenn sie in vorderster Reihe kämpfen, kurz durch Bewunderung, die sie erregen ...

Zur gemeinsamen Erledigung irgendwelcher Angelegenheiten, öffentlicher wie persönlicher Art, erscheinen sie immer in Waffen. Doch darf nach ihrer Sitte keiner Waffen tragen, bis die Gemeinde ihn für wehrfähig erklärt hat.

Hervorragender Adel oder besondere Verdienste der Väter können auch schon ganz jungen Leuten die Erhebung zur Würde eines Fürsten bringen. ... Man braucht sich nicht zu schämen, unter den Gefolgsmannen zu erscheinen: Abstufungen hat ja auch die Gefolgschaft selbst, nach dem Urteil des Gefolgsherrn. Es besteht auch ein großer Wetteifer unter den Gefolgsleuten. jeder will bei seinem Führer der erste sein. Anderseits sind die Gefolgsherren darauf bedacht, möglichst viele und schneidige Gefolgsleute zu haben. Das nennt man Ehre, das Stärke, immer umgeben zu sein von einer zahlreichen Schar auserlesener junger Leute; im Frieden ist das eine Zier; im Krieg ein Schutz. Nicht nur im eigenen Volke, auch bei den Nachbarstaaten bringt es einem Manne Namen und Ruhm, wenn er hervorragt durch die Zahl und Tapferkeit seines Gefolges ...

Wenn es zur Schlacht kommt, ist es für den Gefolgsherrn schimpflich, sich an Tapferkeit übertreffen zu lassen, schimpflich für die Gefolgsmannen, der Tapferkeit des Führers nicht gleichzukommen. Und gar Schimpf und Schande für das ganze Leben bringt es, den Gefolgsherrn überlebend das Schlachtfeld zu verlassen. Ihn zu verteidigen, zu schützen, auch die eigenen Heldentaten seinem Ruhme zuzurechnen, ist vornehmste Soldatenpflicht: Die Gefolgsherren kämpfen um den Sieg, die Gefolgsleute für ihren Herrn. Wenn ihr Heimatgau in langer Friedensruhe untätig ist, so suchen viele dieser vornehmen jungen Leute von sich aus die Stämme auf, die jetzt irgendeinen Krieg führen. Denn Ruhe liegt diesem Volke nicht, auch wird man in Fährnissen leichter berühmt, und ein zahlreiches Gefolge unterhält man nur durch Gewalt und Krieg. Sie erwarten nämlich von der Huld des Gefolgsherrn ihr Streitroß und ihren blutigen siegbringenden Speer. Denn Verpflegung mit einem einfachen, aber doch reichlichen Aufwand gilt als Sold. Die Mittel zu Geschenken werden durch Krieg und Raubzüge erworben.

M 1.4 Kaiser Marc Aurels Sieg über die Markomannen

Aufgaben
a) Welche Eigenschaften und welche Ziele schrieb Tacitus den Germanen zu?
b) Wie war nach Tacitus die politische Organisation der Germanen?
c) Warum versetzten die Barbaren die Römer in Schrecken?
d) Wie stellte der Bildhauer die Germanen dar?

MATERIALIEN

M 1.5 Stilicho als römischer Oberbefehlshaber (401); Lebenslauf des Stilicho

um 365	geboren als Sohn eines Truppenkommandeurs des Kaisers Valens
384	Gesandtschaft an den persischen Hof; Heirat mit einer Nichte des Kaisers Theodosius I.
393	Heermeister; Oberbefehlshaber des regulären Heeres
394	Oberbefehlshaber unter Kaiser Theodosius I.
395	Regent für den Theodosius-Sohn Honorius im Westreich
407	Absetzung
408	Hinrichtung auf Befehl des Kaisers Honorius

Aufgaben
a) Stilicho war Germane. Woran ist zu erkennen, dass er zum Römer wurde? Vgl. dazu M 1.9!
b) Welche Unterschiede in der Behandlung der Germanen durch die Römer werden in M 1.4 und M 1.5 deutlich?

M 1.6 Chrocus in Gallien
Im 7. Jahrhundert berichtete der Chronist Fredegar über den Wandalenkönig:

> Chrocus, der König der Wandalen, verließ mit Sueben und Alanen seine alten Wohnsitze und zog nach Gallien; dabei folgte er dem verderblichen Rat seiner Mutter, die ihm eingeschärft hatte: „Wenn du vorhast, etwas ganz Neues zu tun und dir dadurch einen Namen zu schaffen, dann zerstöre alles, was andere erbaut haben, und rotte jedes Volk aus, das du besiegst; denn es ist einfach nicht mehr möglich, ein Bauwerk zu errichten, das schöner wäre als die, die von deinen Vorgängern erbaut wurden, und du kannst auch keine größere Tat mehr setzen, durch die du deinen Namen mit Ruhm bedecken könntest".
> Mit großer Geschicklichkeit überschritt er also bei Mainz auf einer Brücke den Rhein und verherrte zuerst diese Stadt und schlachtete das Volk hin; daraufhin belagerte er alle Städte Germaniens und stieß bis Metz vor; da die Stadtmauer auf Gottes Befehl hin nachts einstürzte, wurde die Stadt von den Wandalen erobert. Die Leute aus Trier aber retteten sich in der Arena der Stadt, die sie befestigt hatten.
> Daraufhin durchzog Chrocus mit den Wandalen, Sueben und Alanen ganz Gallien und zerstörte die einen Städte durch Belagerung, die anderen, indem er sie mit Geschick und List eroberte. Keine Stadt und kein befestigter Ort in Gallien wurde vor ihnen errettet. Als die Wandalen aber Arles belagerten, wurde Chrocus von einem Soldaten namens Marius gefangengenommen und in Fesseln gelegt. Zur Strafe wurde er durch alle Städte, die er heimgesucht hatte, geführt und beschloß sein ruchloses Leben mit einem dementsprechenden Tode.

Worterklärungen
Sueben: germanisches Volk
Alanen: barbarisches Volk
Arles: Stadt in Südfrankreich

Aufgaben
a) Woran lässt sich erkennen, daß der Bericht aus der Sicht der Römer geschrieben wurde?
b) Welche Gegensätze zwischen Römern und Germanen werden deutlich?
c) Warum konnten die Wandalen die Städte so leicht erobern?
d) Was wird heute als Wandalismus bezeichnet?

MATERIALIEN

M 1.7 Beute barbarischer Plünderzüge aus dem Rhein bei Neupotz (um 400)

Umfang: 1008 Objekte – 39 Münzen, 22 Waffen, fünf religiöse Objekte, 121 Tafelgeschirrteile, 168 Küchengeschirr- und Küchengeräteteile; ferner 280 Wagenteile, 54 Teile von Anschirrungszubehör und Hufbeschlägen von Zugtieren, 169 Werkzeuge, 20 Geräte und Reste von Booten sowie 109 weitere Objekte (Hacksilber, Glocken, Schlösser, Fesseln u. a.).

Material	Gewicht	%
Gesamtgewicht	707,72 kg	100
Eisen insgesamt	498,81 kg	70,84
Bronze, Messing, Kupfer	197,33 kg	27,88
Silber	10,03 kg	1,41
Zinn	1,54 kg	0,22

Aufgaben
a) Warum waren die Barbaren auf Metalle aus?
b) Lässt sich das aus der Zusammensetzung der Beute schließen?

MATERIALIEN

M 1.8 König Childerich und ein fränkischer Krieger

M 1.9 Childerich-Grab und Siegelring aus dem Grab

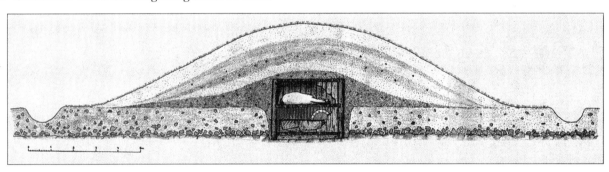

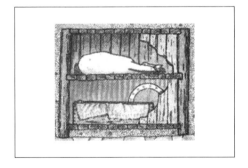

Aufgaben
a) Was ist an der Kleidung des Frankenkönigs Childerich römisch?
b) Worin zeigt sich bei Childerich, dass er auch noch Franke ist?
c) Beschreibe, wie die Franken das Grab errichteten!
d) Warum konnten die Ausgräber sicher sein, dass sie das Grab König Childerichs gefunden hatten?
e) Entziffere die Siegelumschrift mit Hilfe eines Spiegels! Warum war sie seitenverkehrt?

MATERIALIEN

M 2.1 Ein Altarbild aus Reims (17. Jahrhundert)

M 2.2 König Chlodwigs Taufe (um 500)
Der Geschichtsschreiber und Bischof Gregor von Tours berichtete im Abstand von rund 70 Jahren:

> Die Königin aber ließ nicht ab, in ihn zu dringen, daß er den wahren Gott erkenne und ablasse von den Götzen. Aber auf keine Weise konnte er bekehrt werden, bis er endlich einst mit den Alamannen in einen Krieg geriet ...
> Als die beiden Heere zusammenstießen, kam es zu einem gewaltigen Blutbad, und Chlodwigs Heer war nahe daran, völlig vernichtet zu werden. Als er das sah, erhob er seine Augen zum Himmel, seine Augen füllten sich mit Tränen und er sprach: „Jesus Christ, Chrodichilde verkündet, du seiest der Sohn des lebendigen Gottes; Hilfe, sagt man, gebest du den Bedrängten, Sieg denen, die auf dich hoffen - ich flehe dich demütig an um deinen mächtigen Beistand. Gewährst du mir jetzt den Sieg über diese meine Feinde, so will ich an dich glauben und mich taufen lassen auf deinen Namen. Denn ich habe meine Götter angerufen, aber sie sind weit davon entfernt, mir zu helfen. Ohnmächtig sind sie, da sie denen nicht helfen, die ihnen dienen. Dich nun rufe ich an, und ich verlange, an dich zu glauben; nur entreiße mich aus der Hand meiner Widersacher."
> Und da er solches gesprochen hatte, fingen die Alamannen an zu fliehen. Als sie aber ihren König getötet sahen, unterwarfen sie sich Chlodwig und sprachen: „Laß, wir bitten dich, nicht noch mehr des Volkes umkommen; wir sind ja dein." Da tat er dem Kampfe Einhalt, ermahnte das Volk und kehrte in Frieden heim; der Königin aber erzählte er, wie er Christi Namen angerufen und so den Sieg gewonnen habe. ...
> Darauf ließ die Königin heimlich den Bischof von Reims, den heiligen Remigius, rufen und bat ihn, er möchte das Wort des Heils dem Könige zu Herzen führen. Der Bischof aber beschied, ... er solle an den wahren Gott, den Schöpfer Himmels und der Erde glauben und den Götzen den Rücken wenden, die weder ihm noch andern helfen können. Jener aber sprach: „Gern würde ich, heiligster Vater, auf dich hören, aber eins macht mir noch Bedenken, das Volk, das mir anhängt, duldet nicht, daß ich seine Götter verlasse ..."
> Als er darauf mit den Seinigen zusammentraf, rief alles Volk zur selben Zeit, noch ehe er den Mund auftat, denn die göttliche Macht kam ihm zuvor: „Wir tun die sterblichen Götter ab, gnädiger König, und sind bereit, dem unsterblichen Gott zu folgen, den Remigius verkündet."
> Solches wurde dem Bischof gemeldet, und er befahl hocherfreut, das Taufbad vorzubereiten. Mit bunten Decken wurden nun die Straßen behängt, mit weißen Vorhängen die Kirchen geschmückt, die Taufkirche in Ordnung gebracht, Wohlgerüche verbreiteten sich, es schimmerten hell die duftenden Kerzen, und das ganze Heiligtum der Taufkirche wurde von himmlischem Wohlgeruch erfüllt ...
> Zuerst verlangte der König, vom Bischof getauft zu werden. Er ging, ein neuer Konstantin, zum Taufbade hin, sich rein zu waschen von dem alten Aussatz und sich von den schmutzigen Flecken, die er von alters her gehabt, im frischen Wasser zu reinigen. Als er aber zur Taufe hintrat, redete ihn der Heilige Gottes mit beredtem Munde also an: „Beuge still deinen Nacken, verehre, was du verfolgtest, verfolge, was du verehrtest." ...
> Also bekannte der König den allmächtigen Gott und ließ sich taufen und wurde gesalbt mit dem heiligen Öl unter dem Zeichen des Kreuzes Christi. Von seinem Heer aber wurden dreitausend getauft.

Aufgaben
a) Was waren die Schritte zur Bekehrung Chlodwigs?
b) Welche Einwände hatte Chlodwig gegen seine Taufe?
c) Die Erzählung Gregors ist eher eine Legende als ein Bericht über Tatsachen. Welche Abschnitte machen das deutlich?
d) Warum wurden die drei Taufen auf dem Altarbild vereinigt?

MATERIALIEN

M 2.3 Verehrung des hl. Martin durch König Chlodwig (507)
Der Geschichtsschreiber Gregor von Tours berichtete rund 60 Jahre später:

> Inzwischen traf König Chlodwig mit dem Gotenkönig Alarich auf dem Felde von Vouillé zusammen, zehn Meilen von Poitiers, und während der eine Teil den Kampf aus der Ferne führte, widerstanden die anderen im Handgemenge. Da aber die Goten sich zur Flucht wandten, gewann endlich König Chlodwig unter Gottes Beistand den Sieg ...
> Der König schlug die Goten in die Flucht und tötete ihren König Alarich: Da traten ihm aber zwei Männer plötzlich entgegen und trafen ihn in beide Seiten mit ihren Speeren. Aber sein Harnisch und sein schnelles Pferd retteten ihn vom sicheren Tode. Es kam daselbst eine große Menge Volks von Clermont um, ... darunter fielen die vornehmsten von den Senatoren ...
> Chlodwig aber schickte seinen Sohn Theuderich ... nach Clermont. Der zog durch jene Städte von den Grenzen der Goten bis zu dem Gebiet der Burgunder und unterwarf sie alle der Herrschaft seines Vaters ...
> Chlodwig brachte den Winter in Bordeaux zu, ließ den ganzen Schatz Alarichs von Toulouse fortschaffen und zog dann nach Angoulême. Solche Gnade erwies ihm dort der Herr, daß die Mauern, als er sie anblickte, von selbst niedersanken. Darauf mußten die Goten die Stadt verlassen, und er unterwarf sie seiner Herrschaft. Dann kehrte er als Sieger nach Tours zurück und weihte viele Geschenke der heiligen Kirche des seligen Martinus.
> Damals erhielt er vom Kaiser Anastasius ein Patent als Konsul und legte in der Kirche des heiligen Martinus den Purpurrock und Mantel an und schmückte sein Haupt mit einem Diadem. Dann bestieg er ein Pferd und streute unter das anwesende Volk mit eigener Hand Gold und Silber auf dem ganzen Wege von der Pforte der Vorhalle bis zu der Bischofskirche der Stadt mit der größten Freigebigkeit aus; und von diesem Tage an wurde er Konsul oder Augustus genannt. Von Tours ging Chlodwig nach Paris und machte dies zum Sitz seiner Herrschaft ...

Worterklärungen
Goten: barbarisches Volk
Poitiers: Stadt in Südwestfrankreich
Clermont: Stadt in Zentralfrankreich
Senator: höchster Würdenträger einer Stadt

Toulouse, Angoulême: Städte in Südwestfrankreich
Konsul: hoher kaiserlicher Beamter
Patent: Verleihungsurkunde
Kaiser Anastasius: byzantinischer Kaiser (491–518)
Augustus: Kaisertitel

M 2.4 Die Teilung des Mantels

MATERIALIEN

2.5 Martinslegenden

> Martin von Tours wurde um 316 im heutigen Ungarn als Sohn eines römischen Tribuns geboren. Obgleich seine Eltern Heiden waren, ließ er sich mit 18 Jahren in Amiens taufen. Nachdem er in einem römischen Reiterregiment Dienst getan hatte, suchte er den heiligen Hilarius von Poitiers auf, um sich in der Gotteswissenschaft unterweisen zu lassen.
> Martin hatte die Taufe noch nicht empfangen, als sich jene schöne, allgemein bekannte Begebenheit zutrug, in der er schon als ganz junger Mann den Geist der wahren Nächstenliebe bewies. Es geschah, daß an einem kalten Winterabend der junge Reiter mit seinen Kameraden auf der Straße nach Amiens ritt. Da trat am Stadttor eine armselig in Lumpen gehüllte Gestalt auf ihn zu und streckte ihm zitternd die Hand entgegen. Weil der junge Soldat kein Geld bei sich trug, die Blöße des Bettlers ihn aber dauerte, zog er kurz entschlossen sein Schwert, schnitt seinen Mantel in zwei Teile und gab einen davon dem Armen, ohne sich um das verächtliche Gelächter der anderen Soldaten zu kümmern. In der Nacht erschien ihm Christus, mit dem Stück seines Mantels bekleidet, und sagte zu der Heerschar der Engel, die ihn begleitete: „Martinus, der noch nicht getauft ist, hat mich bekleidet." Dieses Gesicht beeindruckte den Jüngling so sehr, daß er hinging und sich taufen ließ.
> Oftmals wird der heilige Martin mit einer Gans dargestellt, und, wie man weiß, herrscht der Brauch, zu Martini eine Gans zu verspeisen. Das geht auf folgende Legende zurück: Als man Martin zum Nachfolger des Bischofs von Tours gewählt hatte, wollte er dieser Würde entgehen und versteckte sich in einem Gänsestall. Da man aber nun nach ihm suchte, verrieten die Tiere durch ihr Geschnatter, daß Martin sich bei ihnen verborgen hielt. Und man führte ihn hinweg in die Stadt Tours, wo er geweiht wurde.

Worterklärung
Tribun: römischer Offizier

Aufgaben
a) Warum besuchte Chlodwig das Martinsgrab?
b) Warum konnte Martin für die einfachen Menschen zu einem Heiligen werden?
c) Inwiefern lebt der heilige Martin bis in die Gegenwart fort?
d) Kleidung war ein wichtiges Zeichen für den Stand eines Menschen. Wie musste Martin auf seine Umwelt wirken, wenn er seinen Mantel teilte?

M 2.6 Richtlinien für die Bekehrten

Bonifatius war Missionar und wurde vom Papst zum „Missionar-Erzbischof" für die deutschen Gebiete östlich des Rheins ernannt. Papst Gregor III. schrieb an Bonifatius (um 732):

> Du hast auch berichtet, daß etliche Leute Fleisch vom Wildpferd essen, sehr viele auch vom Hauspferd. Das darfst Du, hoch verehrter Bruder, auf keinen Fall weiterhin geschehen lassen, vielmehr unterbinde das auf alle mögliche Arten mit Christi Hilfe völlig und lege ihnen die verdiente Buße auf; denn es ist unrein und abscheulich.
> Wegen der Verstorbenen hast Du gefragt, ob man Opfer darbringen dürfe. Die heilige Kirche hält es damit so, daß jeder für seine Toten, wenn sie wahre Christen waren, Opfer darbringt und der Priester ihrer gedenkt. Und obgleich wir alle den Sünden unterliegen, gehört es sich doch, daß der Priester nur der katholischen Toten gedenkt und für sie betet, aber für die Unfrommen, auch wenn sie Christen waren, wird er so etwas nicht tun dürfen.
> Auch verordnen wir, daß diejenigen getauft werden, welche Zweifel hegen, ob sie getauft sind oder nicht, und diejenigen, die zwar getauft sind, aber von einem Priester, der dem Jupiter opfert und Opferfleisch ißt ...
> Und wenn Du kannst, so verhüte, daß einer, dessen Frauen gestorben sind, mehr als zwei eheliche.
> Was aber diejenigen betrifft, welche Vater, Mutter, Bruder oder Schwester getötet haben, so erklären wir, daß keiner während der ganzen Zeit seines Lebens den Leib des Herrn empfangen darf außer am Ende seiner Zeit als Wegzehrung. Er soll sich des Essens von Fleisch und des Trinkens von Wein enthalten, solange er lebt. Er soll am zweiten, vierten und sechsten Tag der Woche fasten und so unter Tränen das begangene Verbrechen sühnen können ...
> Wenn Du einen Bischof weihst, sollen zwei oder drei Bischöfe bei Dir zusammenkommen, damit, was geschieht, Gott wohl gefalle, indem Du die Weihe vollziehst nach ihrer Ankunft und in ihrer Anwesenheit.

Worterklärung
Jupiter: höchste römische Gottheit

MATERIALIEN

M 2.7 Die Donarseiche bei den Hessen (um 730)
In der Lebensbeschreibung des heiligen Bonifatius hieß es:

> Damals aber empfingen viele Hessen, die den christlichen Glauben angenommen und durch die siebenfältige Gnade des Geistes gestärkt waren, die Handauflegung; andere aber, deren Geist noch nicht erstarkt war, verweigerten des reinen Glaubens unverletzbare Wahrheiten zu empfangen; einige auch opferten heimlich Bäumen und Quellen, andere taten dies ganz offen; einige wiederum betrieben teils offen, teils im Geheimen Seherei und Wahrsagerei, Losdeuten und Zauberwahn; andere dagegen befaßten sich mit Amuletten und Zeichendeuterei und pflegten die verschiedensten Opfergebräuche, andere dagegen, die schon gesunderen Sinnes waren und allem heidnischen Götzendienst entsagt hatten, taten nichts von alledem. Mit deren Rat und Hilfe unternahm er es, eine ungeheure Eiche, die mit ihrem alten heidnischen Namen die Jupitereiche genannt wurde, in einem Orte, der Gäsmere hieß, im Beisein der ihn umgebenden Knechte Gottes zu fällen.
>
> Als er nun in der Zuversicht seines standhaften Geistes den Baum zu fällen begonnen hatte, verwünschte ihn die große Menge der anwesenden Heiden als einen Feind ihrer Götter lebhaft in ihrem Innern. Als er jedoch nur ein wenig den Baum angehauen hatte, wurde sofort die gewaltige Masse der Eiche von höherem göttlichen Wehen geschüttelt und stürzte mit gebrochener Krone zur Erde, und wie durch höheren Winkes Kraft barst sie sofort in vier Teile, und vier ungeheuer große Strünke von gleicher Länge stellten sich, ohne daß die umstehenden Brüder etwas dazu durch Mitarbeit getan, dem Auge dar. Als dies die vorher fluchenden Heiden gesehen, wurden sie umgewandelt, ließen von ihren früheren Lastern ab, priesen Gott und glaubten an ihn. Darauf aber erbaute der hochheilige Bischof, nachdem er sich mit den Brüdern beraten, aus dem Holzwerk dieses Baumes ein Bethaus und weihte es zu Ehren des heiligen Apostels Petrus. Als er dann alles solches vollendet und unter dem Beistand des Himmlischen durchgesetzt hatte, zog er sofort nach Thüringen weiter.
>
> Dort wandte er sich an die Stammältesten und die Fürsten des Volkes und brachte sie dazu, die Blindheit ihrer Unwissenheit abzutun und den schon früher empfangenen christlichen Glauben wieder anzunehmen ... Da nun allmählich die Menge der Gläubigen zunahm und zur gleichen Zeit auch die Zahl der Prediger sich vervielfältigte, wurden mit einemmal auch Kirchen aufgerichtet ... Auch wurde ein Kloster ... errichtet.

Worterklärungen
Gäsmere: Ort, vermutlich in der Nähe Fritzlars in Hessen (Geismar)
Handauflegen: Taufe

M 2.8 Ein Bild aus dem Leben des Bonifatius

Aufgaben
a) Stelle anhand M 2.6 und M 2.7 dar, was als christlich und was als heidnisch galt!
b) Warum durfte kein Pferdefleisch gegessen werden?
c) Woran ist der heilige Bonifatius zu erkennen?
d) Das Bild gibt zwei Ereignisse aus dem Leben des Bonifatius wider. Um welche handelt es sich?
e) Der höchste germanische Gott war Odin. Warum wurde seine Eiche „Jupitereiche" genannt?
f) Welche Formen des Aberglaubens gibt es auch heute noch?
g) Warum gibt es in den meisten Fleischereien kein Pferdefleisch zu kaufen?

MATERIALIEN

M 3.1 Modell und Grundriss eines Klosters (um 830)

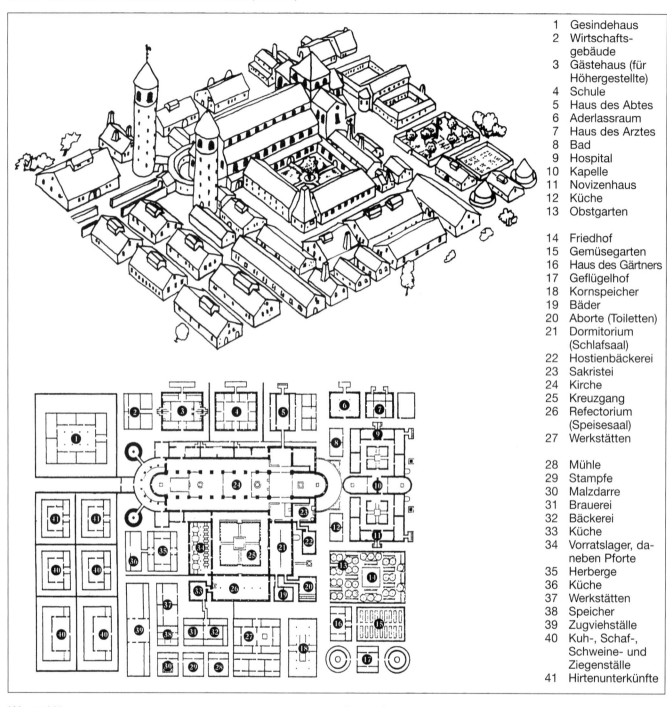

1 Gesindehaus
2 Wirtschaftsgebäude
3 Gästehaus (für Höhergestellte)
4 Schule
5 Haus des Abtes
6 Aderlassraum
7 Haus des Arztes
8 Bad
9 Hospital
10 Kapelle
11 Novizenhaus
12 Küche
13 Obstgarten

14 Friedhof
15 Gemüsegarten
16 Haus des Gärtners
17 Geflügelhof
18 Kornspeicher
19 Bäder
20 Aborte (Toiletten)
21 Dormitorium (Schlafsaal)
22 Hostienbäckerei
23 Sakristei
24 Kirche
25 Kreuzgang
26 Refectorium (Speisesaal)
27 Werkstätten

28 Mühle
29 Stampfe
30 Malzdarre
31 Brauerei
32 Bäckerei
33 Küche
34 Vorratslager, daneben Pforte
35 Herberge
36 Küche
37 Werkstätten
38 Speicher
39 Zugviehställe
40 Kuh-, Schaf-, Schweine- und Ziegenställe
41 Hirtenunterkünfte

Worterklärungen
Aderlass: Blutabnahme zu medizinischen Zwecken
Kreuzgang: Hof innerhalb des Klosters
Novize: Mönchsanwärter

Stampfe: Vorrichtung um Lebensmittel zu zerkleinern
Hostie: Brot bei der Abendmahlsfeier
Malzdarre: Vorrichtung zum Trocknen von Malz
Sakristei: Nebenraum der Kirche

Aufgabe
Ordne die Gebäude nach den folgenden Bereichen:
Kirche, Gebäude der Mönche: Nr. ....

Versorgung der Mönche: Nr. ....

Handwerk: Nr. ....

Pilger und Gäste: Nr. ....

MATERIALIEN

M 3.2 An der Klosterpforte
In der Regel des heiligen Benedikt hieß es:

> An die Pforte des Klosters stellt man einen erfahrenen älteren Bruder, der Bescheid zu empfangen und zu geben weiß und den die Reife seines Charakters vor dem Herumschweifen bewahrt. Der Pförtner soll seine Wohnung neben der Pforte haben, damit die Besucher ihn immer dort antreffen und Auskunft erhalten. Sobald jemand klopft oder sich ein Armer meldet, antworte er: „Gott sei Dank" oder „Segne mich". In aller Freundlichkeit, wie sie ihm die Gottesfurcht eingibt, und beseelt vom Eifer der Liebe, gebe er sogleich Auskunft. Braucht der Pförtner einen Gehilfen, so erhält er einen jüngeren Bruder.
> Das Kloster soll womöglich so angelegt sein, daß sich alles Notwendige innerhalb der Klostermauern befindet, nämlich Wasser, Mühle, Garten und die verschiedenen Werkstätten, in denen gearbeitet wird. So brauchen die Mönche nicht draußen herumzulaufen, was ihren Seelen ja durchaus nicht zuträglich wäre.
> Wir wollen, daß diese Regel öfters in der Klostergemeinde vorgelesen wird, damit sich kein Bruder mit Unkenntnis entschuldigen kann.

Aufgaben
a) Warum umfasste oft eine Mauer das Klostergelände?
b) Warum gab es im Kloster so viele Handwerksbetriebe?
c) Welche Erzeugnisse wurden im Kloster hergestellt?
d) Warum lag die Pforte innerhalb des Klostergeländes?
e) Gegenwartsbezug: Nenne Produkte, die sich auf eine klösterliche Tradition berufen.

M 3.3 Abgaben für ein Kloster
In einer Urkunde des 9. Jahrhunderts aus dem Kloster Lorsch (Hessen) hieß es über das Dorf Nierstein:

> Im Dorf Nersten entrichten die Höfe als Zins je 5 Scheffel Gerste und 1 Pfund Lein (Flachs, Leinwand), 4 Pfennig, 1 Huhn, 10 Eier und 2 Fuder Brennholz. Jeder Hof leistet im Jahr 4 Wochen Frondienst, wo auch immer es befohlen wird. Er pflügt für jede Aussaat 1 Joch, erntet, bringt die Frucht ein, schneidet 3 Tage lang das Getreide, mäht 2 Tage lang die Wiesen, macht 2 Tage lang Heu, fährt 2 Fuder davon ein, schenkt 1 Pferd, leistet Kriegsdienst, liefert 5 Fuder Kalksteine für den Kalkofen und 5 Fuder Brennholz. Er besorgt Botengänge innerhalb der Grenzen des Reiches, wohin auch immer es vorgeschrieben wird.
> Die Hörigen bezahlen als Zins je 1 Unze, 1 Huhn, 10 Eier und 1 Ferkel im Wert von 4 Pfennig. Der Hörige besorgt das Mahlen des Getreides und die Aufbereitung der Grütze. Er übernimmt auch den Anstrich der Zäune und Scheunen. Er pflügt 4 Tage lang, und zwar das gesamte Herrenland, ohne daß ihm das Futter für die Gespanne gestellt wird, er füttert während des Winters 5 Schweine und 1 Kuh, front an 3 Tagen je Woche, wo auch immer es ihm befohlen wird. Als Geldablösung für die weibliche Fronarbeit bezahlt er 1 Unze. Außerdem liefert er 1 Fuder Brennholz, 1 Huhn und 10 Eier.

Worterklärungen
Scheffel: Getreidemaß
Lein/Flachs: Pflanzenfaser für Tuche
Pfennig: kleinste Münze (meist aus Silber)
Frondienst, fronen: Dienst für den Herrn
Joch: Flächenmaß
Hörige: Bedienstete des Grundeigentümers

Kalk brennen: Rösten von Kalkstein für Mauermörtel
Pfund: etwa ½ Kilogramm
Fuder: Wagenladung
Frucht: (hier:) Getreide
Grütze: geschrotetes Getreide
Unze: kleine Währungseinheit

Aufgabe
Stelle die Verpflichtungen von Freien und Hörigen in einer Tabelle einander gegenüber!

FREIE	HÖRIGE

MATERIALIEN

M 3.4 Ein Tag in einem Benediktinerkloster
Der Tagesablauf bezieht sich auf das Sommerhalbjahr

2.30 Uhr	Kirche	**Matutin/Laudes** („Morgenandacht"/„Lobpreisung Gottes")
	Kloster/Kreuzgang	Kontemplation, Arbeit
4.30 Uhr	Kirche	**Prim** (Gebet zur „ersten Stunde" des Tages)
	Kapitelsaal	Versammlung und Beratung des Abtes und der Mönche
		Lesung eines Kapitels aus der Benediktsregel, Verkündigung des Tagesheiligen, Verlesung der Namen von Mönchen und anderen Personen, deren Todestag auf das Tagesdatum fiel.
	Kloster/Kreuzgang	Arbeit
9.00 Uhr	Kirche	**Terz** (Gebet zur „dritten Stunde")
	Kirche	**Heilige Messe**
	Kreuzgang	Bücherausgabe, jeder Mönch liest für sich (Bibel, geistliche Literatur)
12.00 Uhr	Kirche	**Sext** (Gebet zur „sechsten Stunde")
	Refektorium/Speisesaal	gemeinsames Mittagessen, Lesung
	Dormitorium/Schlafsaal	gemeinsame Mittagsruhe
15.00 Uhr	Kirche	**Non** (Gebet zur „neunten Stunde")
	Kloster/Kreuzgang	Arbeit oder Studium
18.00 Uhr	Kirche	**Vesper** („Abendgebet")
	Kreuzgang	Bücherausgabe, jeder Mönch liest für sich (Bibel, geistliche Literatur)
21.00 Uhr	Kirche	**Komplet** („Schlussgebet")
	Dormitorium/Schlafsaal	gemeinsame Nachtruhe
1.00 Uhr	Kirche	**Nokturn/Vigil** („Nachtgebet"/„Nachtwache")
	Dormitorium/Schlafsaal	gemeinsame Nachtruhe bis 2.30 Uhr, dann wieder **Laudes**

Aufgaben
a) Warum wurden die Gebetszeiten lateinisch bezeichnet?
b) Wann wurde gearbeitet, wann wurde geschlafen?
c) Wie groß war der Anteil der Gebetszeiten in der Kirche, wenn jede Gebetszeit 1 Stunde dauerte?

M 3.5 Die Mönchsgelübde
In der Regel des heiligen Benedikt von Nursia hieß es (Kapitel 58):

> Vor der Aufnahme ins Kloster verspricht der angehende Mönch (Novize) in der Kirche in Gegenwart aller Mönche, beständig im Kloster zu bleiben, sein Leben nach der Benediktsregel auszurichten sowie diese genau zu beachten und dem Abt in allen Dingen gehorsam zu sein. Das Versprechen (Gelübde) ist „vor Gott und allen seinen Heiligen" zu leisten. Über das Gelübde schreibt der Novize eine Urkunde auf den Namen der örtlichen Heiligen und den Namen des Abtes nieder. Diese Urkunde hat er eigenhändig zu schreiben. Wenn er nicht schreiben kann, soll er einen anderen Mönch darum bitten und nur sein Handzeichen hinzufügen. Dann muß die Urkunde auf den Altar der Klosterkirche gelegt werden.

M 3.6 Drei Mönchsurkunden über Gelübde aus dem Kloster St. Gallen (9. Jahrhundert)

Aufgaben
a) Übertrage jeweils die ersten zwei Wörter mit Hilfe des Alphabets in unsere Schrift!
b) Um welche Eigennamen, die jeweils an zweiter Stelle in der Zeile stehen, handelt es sich?
c) Was ist ein Handzeichen und suche es im Text auf!
d) Woran lässt sich erkennen, daß nur Namen und Handzeichen eigenhändig geschrieben wurden?

MATERIALIEN

M 3.7 Schulunterricht

M 3.8 König Konrads Besuch in der Klosterschule St. Gallen (911)
Der St. Galler Klosterlehrer Ekkehard berichtete:

> Unverzüglich wurden die Schiffe flottgemacht. Frühmorgens bestieg man sie, und gegen Mittag erreichte der König mit Bischöfen und allem Gefolge unser Gestade; und wie er sich dem Kloster St. Gallen mit Frohlocken nahte, wurde er mit neu verfaßten Lobgedichten glorreich empfangen ...
> Zu langwierig wäre es zu schildern, unter was für Ergötzlichkeiten er diese Weihnachtstage verlebte, und zumal bei der Prozession der Kinder. So ließ er für sie mitten auf dem Boden der Kirche Äpfel hinschütten und staunte über ihre Zucht, als er sah, daß selbst von den Kleinsten nicht eines sich rührte oder auch nur danach schielte ...
> Weiterhin durften die kleinen Knaben der Reihe nach den Vorleser machen, und immer wenn sie vom Lesepult herunterstiegen, hob man sie zum König auf, und er legte ihnen Goldstücke in den Mund. Und einer von ihnen, noch ein ganz kleiner, schrie heftig und spie das Gold wieder aus, worauf der König bemerkte: „Der da wird mal ein guter Mönch sein, wenn er am Leben bleibt."
> Schließlich stand er auf von der Tafel, plauderte heiter mit den Brüdern und hieß sie, guter Dinge zu sein, da er solchen Tischgenossen zeitlebens Freude bereiten wolle. So ging er denn zu den Seinigen zurück, indes er vor Abt Salomo und allen rühmte, niemals fröhlicher geschmaust zu haben.

Aufgaben
a) Was lernten die Schüler damals in der Schule?
b) Erkläre, was mit den Worten „wenn er am Leben bleibt" gemeint war!
c) Warum musste der König Goldstücke verteilen?
d) Beschreibe die Schreibschule!
e) Warum war die Rute das Berufszeichen des Lehrers?

MATERIALIEN

M 3.9 Kaiser Karl lernt schreiben
Einhard berichtete in seiner Lebensbeschreibung Karls:

> Reich und überströmend floß ihm die Rede vom Munde, und was er wollte, konnte er leicht und klar ausdrücken. Es genügte ihm jedoch nicht an seiner Muttersprache, sondern er widmete sich auch der Erlernung fremder Sprachen: darunter brachte er es im Lateinischen so weit, daß er es wie seine Muttersprache redete, das Griechische aber konnte er besser verstehen, als selber sprechen. Er war so beredt, daß er sogar geschwätzig erscheinen konnte. Die edlen Wissenschaften pflegte er mit großer Liebe, die Meister in denselben schätzte er ungemein und erwies ihnen hohe Ehren. In der Grammatik nahm er Unterricht bei dem greisen Diakon Petrus von Pisa, in den übrigen Wissenschaften ließ er sich von Albinus, mit dem Beinamen Alkuin, ebenfalls einem Diakon, unterweisen, einem in allen Fächern gelehrten Mann, der von sächsischem Geschlechte war und aus Britannien stammte. In dessen Gesellschaft wandte er viel Zeit und Mühe auf, um sich in der Rhetorik, Dialektik, vorzüglich aber in der Astronomie zu unterrichten. Er erlernte die Kunst zu rechnen und erforschte mit emsigem Fleiß und großer Wißbegierde den Lauf der Gestirne. Auch zu schreiben versuchte er und pflegte deswegen Tafel und Büchlein im Bett unter dem Kopfkissen bei sich zu führen, um in müßigen Stunden seine Hand an das Nachmachen von Buchstaben zu gewöhnen. Doch hatte er mit seinem verkehrten und zu spät angefangenen Bemühen wenig Erfolg.

Worterklärungen
Diakon: Geistlicher unterhalb eines Priesters
Dialektik: Wissenschaft vom guten Aufbau der Rede
Rhetorik: Wissenschaft von der Kunst des Redens

M 3.10 Schreiben auf Wachstafel und auf Pergament und Kaiser Karls Monogramm

  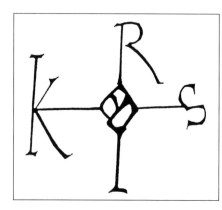

Aufgaben
a) Welche lateinische Namensform Karls steckt im Monogramm?
b) Warum war es nicht herabsetzend, daß Karl nicht schreiben konnte?
c) Warum war Karl nicht in der Schule?
d) Wie konnte Alkuin ein Sachse sein und gleichzeitig aus Britannien stammen?

M 3.11 Das Wachstafel-Alphabet

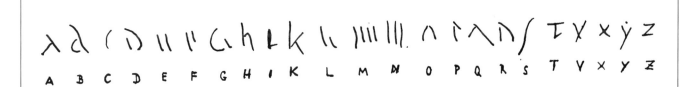

Aufgaben
a) Warum sehen die Wachstafel-Buchstaben so ungewöhnlich aus?
b) Schreibe deinen Namen in Wachstafelschrift!
c) Schreibe in der Handhaltung wie ein Schreiber im Kloster!

MATERIALIEN

M 4.1 Über König Karl
Um 835 schilderte der Geschichtsschreiber Einhard den Frankenkönig:

> Er war von breitem und kräftigem Körperbau, hervorragender Größe, die jedoch das richtige Maß nicht überschritt - denn seine Länge betrug, wie man weiß, sieben seiner Füße -, das Oberteil seines Kopfes war rund, seine Augen sehr groß und lebhaft, die Nase ging etwas über das Mittelmaß, er hatte schönes graues Haar und ein freundliches, heiteres Gesicht. So bot seine Gestalt im Stehen wie im Sitzen eine höchst würdige und stattliche Erscheinung, wiewohl sein Nacken feist und zu kurz, sein Bauch etwas hervorzutreten schien: das Ebenmaß der andern Glieder verdeckte das. Er hatte einen festen Gang, eine durchaus männliche Haltung des Körpers und eine helle Stimme, die jedoch zu der ganzen Gestalt nicht recht passen wollte. Seine Gesundheit war gut, außer daß er in den vier Jahren vor seinem Tode häufig von Fiebern ergriffen wurde und zuletzt auch mit einem Fuße hinkte. Aber auch damals folgte er mehr seinem eigenen Gutdünken als dem Rat der Ärzte, die ihm beinahe verhaßt waren, weil sie ihm rieten, dem Braten, den er zu speisen pflegte, zu entsagen und sich an gesottenes Fleisch zu halten.
> Die Kleidung, die er trug, war die seiner Väter d. h. die fränkische. Auf dem Leib trug er ein leinenes Hemd und leinene Unterhosen; darüber ein Wams, das mit einem seidenen Streifen verbrämt war, und Hosen; sodann bedeckte er die Beine mit Binden und die Füße mit Schuhen, und schützte mit einem aus Fischotter- oder Zobelpelz verfertigten Rock im Winter Schultern und Brust; dazu trug er einen blauen Mantel und stets ein Schwert, dessen Griff und Gehenk von Gold oder Silber war. Bisweilen trug er auch ein mit Edelsteinen verziertes Schwert, dies jedoch nur bei besonderen Festlichkeiten oder wenn Gesandte fremder Völker vor ihm erschienen. Ausländische Kleidung jedoch wies er zurück ... Bei festlichen Gelegenheiten schritt er in einem mit Gold durchwirkten Kleide und mit Edelsteinen besetzten Schuhen, den Mantel durch eine goldene Spange zusammengehalten, auf dem Haupte ein aus Gold und Edelsteinen verfertigtes Diadem, einher; an andern Tagen unterschied sich seine Kleidung wenig von der gemeinen Tracht des Volkes.

M 4.2 Reiterstatuette und Titulaturen Kaiser Karls

- Karl, durch die Gnade Gottes König der Franken (771)

- Karl, durch die Gnade Gottes König der Franken und der Langobarden und Schutzherr der Römer (774)

- Karl, allerherrlichster Augustus, großer, friedbringender, von Gott gekrönter Kaiser, der das Römerreich regiert, durch die Gnade Gottes auch König der Franken und Langobarden (801)

Aufgaben
a) Vergleiche die Ausführung der Statuette Karls mit dem Standbild des Kaisers Marc Aurel!
b) Welche Einzelheit findet sich im Text „Über König Karl" wieder? Unterstreiche im Text!
c) Stelle zusammen, was Karls normale und was Karls Festkleidung war!
d) Zeige an den Titulaturen, was zwischen 771 und 801 geschah!

MATERIALIEN

M 4.3 Krieg gegen die Sachsen
Der Geschichtsschreiber Einhart berichtete:

> Kein anderer Krieg wurde von den Franken mit ähnlicher Ausdauer, Erbitterung und Mühe geführt wie dieser. Denn die Sachsen waren – wie fast alle germanischen Stämme – ein wildes Volk, das Götzen anbetete und dem Christentum feindlich gesinnt war ... Dazu kamen noch weitere Umstände, die beitrugen, den Frieden täglich zu gefährden: die Grenzen zwischen unserem und ihrem Gebiet verliefen fast ausschließlich durch flaches Land. Nur an einigen Stellen bildeten große Wälder oder dazwischen liegende Berge deutliche Grenzlinien. Mord, Raub und Brandstiftungen nahmen daher auf beiden Seiten kein Ende. Schließlich waren die Franken derart verbittert, daß sie für richtig hielten, nicht länger Gleiches mit Gleichem zu vergelten, sondern mit den Sachsen in offenen Kampf einzutreten. Der Krieg begann also und wurde ununterbrochen dreiunddreißig Jahre lang mit großer Erbitterung auf beiden Seiten geführt: aber die Sachsen erlitten im Laufe dieser Zeit viel größere Verluste als die Franken. Er hätte zweifellos früher beigelegt werden können, wenn dies bei der Treulosigkeit der Sachsen möglich gewesen wäre. Es läßt sich kaum beschreiben, wie oft sie besiegt wurden und sich flehentlich dem König unterwarfen, wie oft sie Gehorsam versprachen, sofort die geforderten Geiseln stellten und vom König abgesandte Boten willig aufnahmen.

M 4.4 Zwei Berichte über die Bestrafung der Sachsen

> I. Nachdem er alle, die ihm Widerstand geleistet hatten, besiegt und unter seine Herrschaft gebracht hatte, führte er zehntausend Sachsen, die an beiden Elbufern gewohnt hatten, mit Frauen und Kindern aus ihrer Heimat und siedelte sie in verschiedenen Gruppen zerstreut in Gallien und in Germanien an. Der lange Krieg wurde erst endgültig beendet, als die Sachsen die Bedingungen des Königs annahmen: sie mußten ihren religiösen Bräuchen und dem Götzendienst abschwören, die christliche Religion und die heiligen Sakramente annehmen und sich mit den Franken zu einer Volkseinheit zusammenschließen.
>
> II. Damals zog König Karl bei Köln über den Rhein und hielt eine Versammlung ab am Lippe-Ursprung, dorthin kamen alle Sachsen außer dem aufständischen Widukind.
> Und als er wieder umgekehrt war, erhoben sich sofort die Sachsen wieder in der gewohnten Weise auf Betreiben des Widukind. Ohne daß dies der König Karl wußte, schickte er seine Boten Adalgis, Gailo und Worad. Sie sollten das Heer der Franken und Sachsen gegen ein paar Slawen in Bewegung setzen, die sich erhoben hatten. Und als die oben genannten Boten unterwegs von der Erhebung der Sachsen hörten, warfen sie sich, als sie die oben genannte Schar einholten, auf die Sachsen und handelten von da an ohne Auftrag des Königs Karl. Und sie begannen einen Krieg mit den Sachsen, und in tapferem Kampfe, wobei viele Sachsen fielen, blieben die Franken Sieger. Und dort fielen auch zwei von diesen Boten, Adalgis und Gailo, im Süntelgebirge. Als das König Karl hörte, zog er mit den Franken, die er in Eile zusammenraffen konnte, dorthin und gelangte an die Mündung der Aller in die Weser. Dort sammelten sich wieder alle Sachsen und unterwarfen sich der Gewalt des oben genannten Königs und lieferten alle die Übeltäter aus, die diesen Aufstand vor allem durchgeführt hatten, zur Bestrafung mit dem Tode, 4500, und dies ist auch so geschehen, ausgenommen den Widukind, der ins Gebiet der Nordmannen entfloh. Nachdem dies alles zu Ende war, kehrte der genannte König nach Frankreich zurück.

M 4.5 Widukind – Herzog der Sachsen

Aufgaben
a) Was war mit Götzendienst gemeint?
b) Zeige am Text, wieso das Sachsenland für die Franken gefährlich war!
c) Auf welche Weise ließ Karl die Sachsen bestrafen?
d) Zeige anhand des Grabbildes von Widukind, wie 400 Jahre nach den Sachsenkriegen sich die Meinung über Widukind verändert hatte!

MATERIALIEN

M 4.6 Eine Niederlage in Spanien
In der Lebensbeschreibung Karls berichtete Einhard (um 835):

> Während er unaufhörlich und fast ohne Unterbrechung mit den Sachsen zu kämpfen hatte, griff er, nachdem die Grenze an den geeigneten Plätzen durch Besatzungen gedeckt war, mit möglichst großer Heeresmacht Spanien an, wo sich ihm nach dem Übergang über die Pyrenäen alle Städte und Burgen, die er angriff, unterwarfen, und kehrte dann ohne Verlust mit seinem Heere wieder heim.
>
> Nur in den Pyrenäen selber mußte er auf seinem Rückzug etwas von der Treulosigkeit der Waskonen verspüren. Als nämlich das Heer in langem Zuge, wie es die Enge des Orts zuließ, einer marschierte, stießen die Waskonen, die sich auf dem Gebirgskamm in Hinterhalt gelegt hatten – das Land dort ist nämlich wegen der dichten Wälder, deren es dort sehr viele gibt, zu Hinterhalten geeignet – von oben auf das Ende des Trosses und die Nachhut, drängten sie ins Tal hinab und machten in dem Kampf, der nun folgte, alles bis auf den letzten Mann nieder, raubten das Gepäck und zerstreuten sich dann unter dem Schutz der einbrechenden Nacht in höchster Eile nach allen Seiten.
>
> Den Waskonen kam die Leichtigkeit ihrer Waffen und das Gelände zustatten; die Franken dagegen waren durch das Gewicht ihrer Waffen und die Ungunst des Geländes in allem gegen die Waskonen im Nachteil. In diesem Kampfe fielen Eggihard, des Königs Truchsess, Anshelm, der Pfalzgraf, und Hruodland, der Befehlshaber im bretonischen Grenzbezirk, und viele andere. Und dieser Unfall konnte für den Augenblick auch nicht gerächt werden, weil sich der Feind nach Ausführung des Streichs so zerstreute, daß nicht die geringste Spur darauf leitete, in welchem Winkel man ihn hätte suchen können.

Worterklärungen
Waskonen: Basken
Truchsess, Pfalzgraf: Inhaber von Hofämtern

M 4.7 Rolandslied-Sage

> Der bretonische Markgraf Roland (Hruodland) führte laut Einhards Schilderung eine Heeresabteilung bei der Spanienexpedition Karls des Großen und fand in einer Schlacht während des Rückzugs über die Pyrenäen den Tod. Um diesen geschichtlichen Kern rankte sich später die Sage, Roland sei ein Neffe des Kaisers gewesen und habe Karl den Großen auf einem Feldzug gegen die Sarazenen in Spanien begleitet. Auf dem Heimweg sei die von Roland befehligte Nachhut des Heeres am Pass von Roncesvalles in den Pyrenäen von Sarazenen überfallen und niedergemacht worden. So starb Roland den Heldentod und galt als ritterlicher Märtyrer und Schutzpatron. Zu seinen Insignien als sagenhaftem Held gehörten das Schwert Durendal und das Horn Olifant.

M 4.8 Stadtpatrone: die Rolande

Aufgaben
a) Was unterschied den Feldzug gegen die Basken vom Sachsenkrieg?
b) Warum war die Unterwerfung der Basken so schwierig?
c) Worin stimmen die Rolande überein?
d) Warum waren die Rolande als Schutzherren von Städten besonders geeignet?

MATERIALIEN

M 4.9 Das Frankenreich unter Karl dem Großen

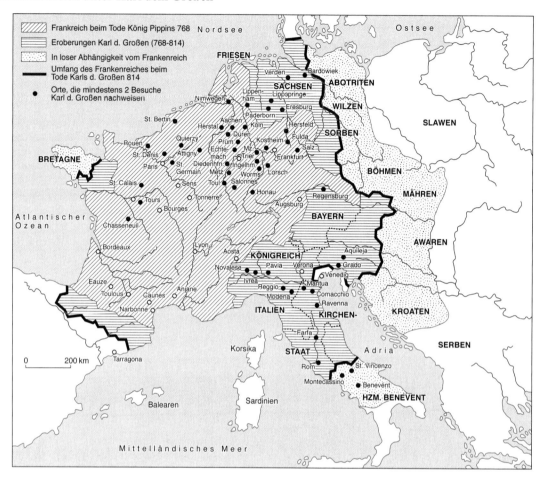

M 4.10 Gäste aus fernen Ländern
Der Mönch Notker schrieb um 890 in seinem Karlsbuch:

> Die Perser brachten aber dem Kaiser einen Elefanten und Affen, Balsam, Narden, mancherlei Salben, Gewürze, Wohlgerüche und Heilmittel der verschiedensten Art, so daß es schien, als hätten sie den Osten geräumt und den Westen angefüllt. Sie traten in ein enges Freundschaftsverhältnis mit dem Kaiser, und eines Tages, als sie schon recht fröhlich geworden waren und ein starker Wein sie erhitzt hatte, sagten sie im Scherz zu Karl, der immer mit Ernst und Nüchternheit gewappnet war, folgendes: „Groß ist, o Kaiser, Eure Macht, aber lange nicht so groß, wie Euer Ruhm, der in den Königreichen des Ostens verbreitet ist". Er hörte das an, ohne seine tiefe Empörung zu zeigen, und fragte sie im Scherz: „Weshalb sagt Ihr das, meine Söhne? Und warum seid Ihr dieser Meinung?" Da erzählten sie ihm von Anfang an alles, was sie in den Gebieten diesseits des Meeres erlebt hatten und sagten: „Wir Perser, Meder, Armenier, Inder, Parther, Elamiten und alle Völker des Ostens fürchten Euch viel mehr als unsern Beherrscher Harun ... Auf allen Inseln, wo wir vorüber gekommen sind, sind die Bewohner zum Gehorsam gegen Euch so bereit und so eifrig, wie wenn sie in Eurem Palast aufgewachsen und mit großen Wohltaten überhäuft worden wären. Aber die Großen hierzulande kümmern sich, wie uns dünkt, nicht gerade um Euch außer in Eurer Anwesenheit, denn wenn wir als Fremde sie darum baten, sie möchten aus Liebe zu Euch, da wir ja Euch aufsuchen wollten, uns einige Freundlichkeit erweisen, ließen sie uns ohne Beistand und mit leeren Händen ziehen."
>
> Da entzog der Kaiser all den Grafen und Äbten, durch deren Gebiet die Gesandten gekommen waren, alle ihr Lehen, den Bischöfen aber legte er unendliche Geldstrafen oder Verbannung auf. Den Gesandten selbst ließ er mit großer Sorgfalt und reichen Ehren bis zu ihrem eigenen Gebiet das Geleite geben.
>
> Es kamen zu ihm auch Beauftragte des Königs von Afrika, die einen Löwen aus der Marmarica und einen Bären aus Numidien brachten nebst Erz aus Iberien, Purpur aus Tyrus und andern Ehrengaben dieser Länder.

Aufgaben
a) Stelle anhand eines Atlasses fest, welche Länder außerhalb Europas Beziehungen zu Karl pflegten!
b) Schlage in einem Lexikon nach, aus welchen Ländern die Gesandten kamen!
c) Welche heutigen Staaten gehörten zum Frankenreich?
d) Wodurch wird deutlich, dass Karl in der Nachfolge der römischen Kaiser stand?
e) Wo wird in dem Bericht sichtbar, dass die Gesandten dem Kaiser schmeichelten?

MATERIALIEN

M 4.11 Karl in Aachen
Einhard berichtete in seiner Lebensbeschreibung Karls (um 835):

> Der christlichen Religion, zu der er von Jugend auf angeleitet worden, war er mit größter Ehrfurcht und Frömmigkeit zugetan. Darum erbaute er auch das herrliche Gotteshaus zu Aachen und stattete es aus mit Gold und Silber, mit Leuchtern und mit ehernen Gittern und Türen. Da er die Säulen und Marmorplatten für die Kirche anderswoher nicht bekommen konnte, ließ er sie aus Rom und Ravenna herbeischaffen. Die Kirche suchte er morgens und abends, auch bei den nächtlichen Gebeten und zur Zeit der Messe fleißig auf, solange es ihm sein Befinden erlaubte; und er ließ es sich sehr angelegen sein, daß alle gottesdienstlichen Verrichtungen mit möglichst großer Würde begangen würden, indem er häufig die Küster mahnte, keinen Unrat oder Schmutz in die Kirche zu bringen oder darin liegen zu lassen. Heilige Gefäße aus Gold und Silber sowie priesterliche Gewänder ließ er in solcher Menge anschaffen, daß nicht einmal die Türsteher, die doch den untersten kirchlichen Grad bilden, beim Gottesdienst in ihrer gewöhnlichen Kleidung zu erscheinen brauchten. Auf die Verbesserung des Lesens und Singens in der Kirche wandte er große Sorgfalt. Denn von beiden Dingen verstand er ziemlich viel, wenn er auch selbst nicht öffentlich las und nur leise und im Chor sang.
> Beständig übte er sich im Reiten und Jagen, wie es die Sitte seines Volkes war ... Sehr angenehm waren ihm auch die Dämpfe warmer Quellen; er übte sich fleißig im Schwimmen und verstand das so trefflich, daß man ihm keinen darin vorziehen konnte. Darum erbaute er sich auch zu Aachen ein Schloß und wohnte in seinen letzten Lebensjahren bis zu seinem Tode beständig darin. Und er lud nicht bloß seine Söhne, sondern auch die Vornehmen und seine Freunde, nicht selten auch sein Gefolge und seine Leibwächter zum Bade, so daß bisweilen hundert und mehr Menschen mit ihm badeten.

Worterklärung
ehern: aus Bronze

M 4.12 Die Residenz Aachen

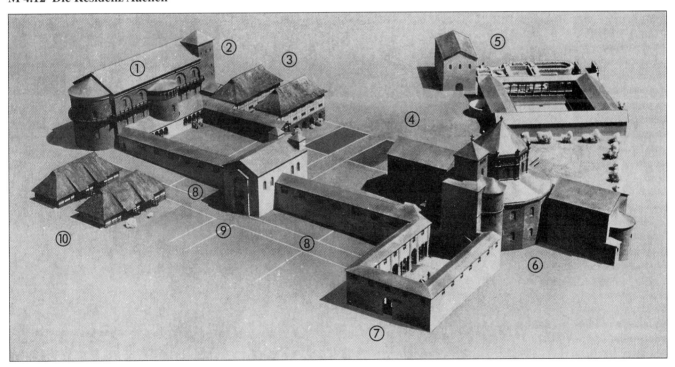

① Königshalle (heute Rathaus), ② Granusturm, ③ Wohnungen der Höflinge und Gäste, ④ Bibliothek, Archiv oder Sakristei, ⑤ Römische Thermen (von Karl wieder hergestellt), ⑥ Pfalzkapelle (heute Münster), ⑦ Atrium (Vorhof), ⑧ Verbindungsgang, ⑨ Torhalle, ⑩ Wirtschaftsgebäude und Stallungen, Wohnungen der Bediensteten

Aufgaben
a) Womit erklärte Einhard, dass Karl seinen Palast in Aachen errichten ließ?
b) Was fand in den einzelnen Gebäuden statt?

MATERIALIEN

M 5.1 Thronender Ottonenkaiser (um 1000) (Folie in Farbe)

M 5.2 Die Wahl Ottos I. in Aachen (936)
Widukind von Corvey berichtete:

> Nachdem also der Vater des Vaterlandes und der größte wie beste König Heinrich gestorben war, wählte sich das gesamte Volk der Franken und Sachsen seinen Sohn Otto, der bereits vorher vom Vater zum König ausgesucht worden war, als Herrscher aus. Als Ort der allgemeinen Wahl nannte und bestimmte man die Pfalz Aachen. ... Und als man dorthin gekommen war, versammelten sich die Herzöge und obersten Grafen mit der übrigen Schar vornehmster Ritter in dem Säulenhof, der mit der Basilika Karls des Großen verbunden ist, setzten den neuen Herrscher auf einen dort aufgestellten Thron, huldigten ihm, gelobten ihm Treue, versprachen ihm Unterstützung gegen alle seine Feinde und machten ihn nach ihrem Brauch zum König. Während dies die Herzöge und die übrigen Hofbeamten vollführten, erwartete der Erzbischof mit der gesamten Priesterschaft und dem ganzen Volk im Innern der Basilika den Auftritt des neuen Königs. Als dieser erschien, ging ihm der Erzbischof entgegen, berührte mit seiner Linken die Rechte des Königs, während er selbst in der Rechten den Krummstab trug, bekleidet mit der Albe, geschmückt mit Stola und Meßgewand, schritt vor bis in die Mitte des Heiligtums und blieb stehen. Er wandte sich zum Volk um, das ringsumher stand - es waren nämlich in jener Basilika unten und oben umlaufende Säulengänge -, so daß er vom ganzen Volk gesehen werden konnte, und sagte: „Seht, ich bringe euch den von Gott erwählten und von dem mächtigen Herrn Heinrich einst designierten, jetzt aber von allen Fürsten zum König gemachten Otto; wenn euch diese Wahl gefällt, zeigt dies an, indem ihr die rechte Hand zum Himmel emporhebt." Da streckte das ganze Volk die Rechte in die Höhe und wünschte unter lautem Rufen dem neuen Herrscher viel Glück.

Worterklärungen
Basilika: Kirche
Stola: Teil des Messgewandes
Albe: weißes Gewand der Priester

Aufgaben
a) Wodurch unterscheiden sich die weltlichen und die geistlichen Fürsten?
b) Wodurch hob der Maler den Kaiser heraus?
c) Inwiefern spiegelt der Reichsapfel die gesamte christliche Welt wider?
d) In welchen Schritten vollzog sich die Wahl?

M 5.3 Die Krönung Ottos I. in Aachen (936)
Widukind von Corvey berichtete:

> Dann schritt der Erzbischof mit dem König, der nach fränkischer Sitte mit einem eng anliegenden Gewand bekleidet war, hinter den Altar, auf dem die königlichen Insignien lagen: das Schwert mit dem Wehrgehänge, der Mantel mit den Spangen, der Stab mit dem Zepter und das Diadem ...
> Er ging zum Altar, nahm von dort das Schwert mit dem Wehrgehänge auf, wandte sich an den König und sprach: „Nimm dieses Schwert, auf daß du alle Feinde Christi verjagst, die Heiden und schlechten Christen, da durch Gottes Willen dir alle Macht im Frankenreich übertragen ist, zum unerschütterlichen Frieden für alle Christen." Dann nahm er die Spangen, legte ihm den Mantel um und sagte: „Durch die bis auf den Boden herab reichenden Zipfel (deines Gewandes) seist du daran erinnert, mit welchem Eifer du im Glauben entbrennen und bis zum Tod für die Sicherung des Friedens eintreten sollst." Darauf nahm er Zepter und Stab und sprach: „Durch diese Abzeichen bist du aufgefordert, mit väterlicher Zucht deine Untertanen zu leiten und in erster Linie den Dienern Gottes, den Witwen und Waisen die Hand des Erbarmens zu reichen; und niemals möge dein Haupt ohne das Öl der Barmherzigkeit sein, auf daß du jetzt und in Zukunft mit ewigem Lohn gekrönt werdest." Auf der Stelle wurde er mit dem heiligen Öl gesalbt und mit dem goldenem Diadem gekrönt von eben den Bischöfen Hildebert und Wigfried, und nachdem die rechtmäßige Weihe vollzogen war, wurde er von denselben Bischöfen zum Thron geführt, zu dem man über eine Wendeltreppe hinaufstieg, und er war zwischen zwei Marmorsäulen von wunderbarer Schönheit so aufgestellt, daß er von da aus alle sehen und selbst von allen gesehen werden konnte.

MATERIALIEN

M 5.4 Das Krönungsmahl Ottos I. in Aachen (936)
Widukind von Corvey berichtete:

> Nachdem man dann das Lob Gottes gesungen und das Opfer feierlich begangen hatte, ging der König hinunter zur Pfalz, trat an die marmorne, mit königlicher Pracht geschmückte Tafel und nahm mit den Bischöfen und dem ganzen Adel Platz; die Herzöge aber taten Dienst. Der Herzog der Lothringer, Giselbert, zu dessen Machtbereich dieser Ort gehörte, organisierte alles; Eberhard kümmerte sich um den Tisch, der Franke Hermann um die Mundschenken, der Bayer Arnulf sorgte für die Ritterschaft sowie für die Wahl und die Errichtung des Lagers; Siegfried aber, der hervorragendste Sachse und der zweite nach dem König, Schwager des früheren Königs, nun ebenso mit dem König verschwägert, verwaltete zu dieser Zeit Sachsen, damit unterdessen nicht ein feindlicher Einfall geschehe … . Der König aber ehrte danach einen jeden Fürsten freigebig, wie es sich für einen König gehört, mit einem passenden Geschenk und verabschiedete die vielen Leute mit aller Fröhlichkeit.

M 5.5 Die deutschen Reichsteile

Aufgaben
a) Welche Herrschaftszeichen kommen nur im Text über die Krönung Ottos vor?
b) Warum fanden die Wahl, die Krönung und das Festmahl in Aachen statt?
c) Es gab die folgenden Hofämter: Marschall, Truchsess, Mundschenk, Kämmerer.
  Welcher Fürst hatte welche Hofämter inne?
d) Welche Bedeutung besaßen die Hofämter?
e) Setze folgende Ländernamen in die Karte ein: FRANKREICH, POLEN, UNGARN, TSCHECHIEN!
f) Welche Namen von Ländern und Regionen bestehen bis heute?

MATERIALIEN

M 5.6 Ein Treffen der Könige von Westfranken und Ostfranken in Bonn (921)

Im Namen der heiligen und ungeteilten Dreifaltigkeit. Mit Hilfe der Gnade Gottes, im Jahr der Geburt des Herrn 921, dem 29. Jahr der Herrschaft des Herrn und ruhmreichsten Königs der Westfranken Karl, dem 3. Jahr der Herrschaft des Herrn und erhabensten Königs der Ostfranken Heinrich, schließen diese genannten Herrscher einen Freundschaftsvertrag ...
Es kamen nämlich beide erlauchten Könige zusammen, so wie sie nach wechselseitigem Verkehr der Gesandten übereingekommen waren, am 4. November, einem Sonntag; der Herr Karl am Rhein bei der Burg Bonn und der Edle Heinrich auf der anderen Seite des Rheines.
Und an diesem Tage sahen sie sich lediglich von Angesicht jeweils auf den Ufern dieses Stromes, von hier und von dort ... Aber am Mittwoch, dem 7. November, stiegen die schon öfter genannten Herrscher mitten auf dem Rhein jeweils aus ihrem Boot in ein drittes um, das für ihre Unterredung mitten im Strom verankert war, und dort setzten sie folgenden Friedensvertrag unter Eid fest:
Ich Karl, von Gottes Gnaden König der Westfranken, werde künftighin diesem meinem Freunde, dem Ostkönig Heinrich, Freund sein, wie ein Freund seinem Freund gegenüber in rechter Weise sein muß, nach meinem Wissen und Können, und zwar unter der Voraussetzung, daß er mir diesen selben Eid leistet und das, was er schwört, hält. So wahr mir Gott helfe und diese heiligen Reliquien!
König Heinrich hingegen sprach sofort danach dasselbe Versprechen mit einem Eid in denselben Worten, damit dieser Freundschaftsvertrag unverletzlich beobachtet würde.
Dieses sind die Namen der Bischöfe, die mit edlen und getreuen Laien den Vertrag, den die genannten Könige untereinander geschlossen hatten, durch Beifall anerkannten und die mit Handschlag eidlich versicherten, sie würden ihn niemals verletzen:
Bischöfe von seiten des Königs Karl: Hermann Erzbischof von Agrippina – was man jetzt Köln nennt, Ruotger Erzbischof von Trier, Stephan Bischof von Cambrai, Bovo Bischof von Chalons, Balderich Bischof von Utrecht. Dies sind die Namen der Grafen: Matfred, Erchanger, Hagano, Boso, Waltker, Isaak, Ragenher, Dietrich, Adalhard, Adelhelm.
Bischöfe von seiten des erlauchten Königs Heinrich: Heriger Erzbischof von Mainz, Nithard Bischof von Münster, Dodo Bischof von Osnabrück, Richgawo, Bischof der Wangionen - was jetzt Worms heißt, Unward Bischof von Paderborn, Noting Bischof von Konstanz in Schwaben. Dies sind die Namen der Grafen: Eberhard, Konrad, Hermann, Hatto, Gottfried, Otto, Hermann, Kobbo, Meinhard, Friedrich, Foldag.

M 5.7 Gallien und Germanien (978)
Ein heutiger Historiker schrieb dazu:

In Buch III seiner Chronik erzählt Richer (um 1000) von dem Überfall des westfränkischen Königs Lothar auf Aachen im Sommer 978. Der westfränkische Herrscher und der deutsche Kaiser Otto II. waren Vettern; Lotharingen (das Land westlich des Rheins) war zwischen ihnen strittig. Obwohl er an sich der Schwächere war, griff Lothar an und wollte offenbar den ungerüsteten und nichtsahnenden Otto in Aachen gefangennehmen. Der Kaiser konnte nur mit knapper Not fliehen, während Lothar die Aachener Pfalz plünderte. Dabei drehten die Westfranken „den erzenen Adler, der mit ausgebreiteten Flügeln auf der Spitze des Palasts von Karl dem Großen angebracht worden war, nach Osten um. Denn die Deutschen (Germanen) hatten ihn nach Westen gedreht, womit sie andeuteten, sie könnten mit ihrer Reiterei die Franzosen (Gallier) einmal besiegen." Thietmar von Merseburg erzählt (um 1020) im Gegenteil, daß der Adler immer in das Reich des herrschenden Königs, unter den Ottonen also nach Osten geblickt habe und von Lothar dann nach Westen gedreht worden sei; wer von den beiden Geschichtsschreibern recht hat, läßt sich heute nicht mehr entscheiden. Abgesehen von der Beute, die er machen konnte, erreichte Lothar nichts weiter, als daß Otto II. noch im selben Jahr einen Rachefeldzug unternahm und bis nach Paris vorstieß.

Aufgaben
a) Warum trafen sich die Könige in der Mitte des Flusses?
b) Wodurch zeigte sich der höhere Rang Karls? Warum war das so?
c) Stelle die Würdenträger der beiden Könige einander gegenüber: ERZBISCHÖFE, BISCHÖFE, GRAFEN!
d) Warum waren so viele Würdenträger anwesend?
e) Was ist Gallien, was ist Germanien?
f) Was ist der Grund dafür, dass die beiden Chronisten Richer und Thietmar denselben Vorgang gegensätzlich darstellen?

MATERIALIEN

M 5.8 Eine Sippe – zwei Länder: Ostfranken – Westfranken

Könige von Westfranken
Frankreich

Könige von Ostfranken
Deutschland

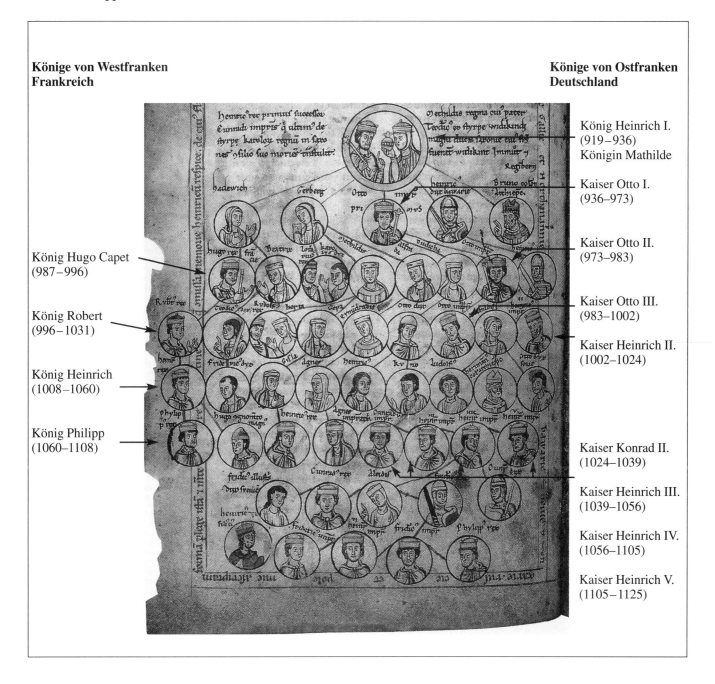

König Hugo Capet (987–996)
König Robert (996–1031)
König Heinrich (1008–1060)
König Philipp (1060–1108)

König Heinrich I. (919–936)
Königin Mathilde
Kaiser Otto I. (936–973)
Kaiser Otto II. (973–983)
Kaiser Otto III. (983–1002)
Kaiser Heinrich II. (1002–1024)
Kaiser Konrad II. (1024–1039)
Kaiser Heinrich III. (1039–1056)
Kaiser Heinrich IV. (1056–1105)
Kaiser Heinrich V. (1105–1125)

Aufgaben
a) Warum erscheinen die linken Könige nur am Rande?
b) Warum taucht der Vater des französischen Königs Hugo Capet nicht auf?
c) Wie waren die französischen Könige mit den deutschen verwandt?
d) Auf welche Weise zeigte der Künstler die Trennung zwischen Deutschland und Frankreich auf seiner Ahnentafel?

MATERIALIEN

M 6.1 Der Überfall der Ungarn auf das Kloster St. Gallen (923 oder 925)
In Ekkehards Klosterchronik stand dazu:

> Tag und Nacht streiften Späher durch die ihnen vertraute Gegend; sie sollten das Nahen der Feinde melden, damit man zur Waldburg fliehe; denn noch mochten die Brüder gar nicht glauben, St. Gallen könne jemals von den Barbaren heimgesucht werden ... Die Feinde rückten nämlich nicht geschlossen vor; sondern sie fielen schwarmweise in Städte und Dörfer ein, plünderten sie und brannten sie nieder. Aus den Wäldern auch, wo sie sich bisweilen verbargen, brachen sie heraus, an die hundert Mann oder weniger. Doch zeigte wenigstens der Rauch und der von Feuer gerötete Himmel, wo sich die einzelnen Schwärme befanden.
>
> Es war aber damals unter den Unsrigen ein gar einfältiger und närrischer Bruder, dessen Glossen und Possen oft belacht wurden, mit Namen Heribald. Wie nun die Brüder zu ihrer Fluchtburg aufbrachen, sagten einige voller Schrecken zu ihm, er möge ebenfalls fliehen. Da sprach er: „Wahrlich, mag fliehen, wer will; ich wenigstens werde niemals fliehen, hat mir doch der Kämmerer dieses Jahr mein Schuhleder nicht gegeben." Und so erwartete er unerschrocken die anstürmenden Ungarn ...
>
> Endlich stürmten sie herein, Köcher bewehrt und starrend von drohenden Speeren und Spießen. Den ganzen Ort suchten sie sorgfältig ab: kein Geschlecht und kein Alter würden sie schonen, das war gewiß. Da stießen sie auf jenen, wie er allein und ohne Zagen in der Mitte stand. Verwundert darüber, was er wolle und warum er nicht geflohen sei, befahlen die Anführer der Mörderbande, ihr Eisen vorerst zu sparen, und ließen ihn durch Dolmetscher verhören; sowie sie aber seiner unglaublichen Narrheit innewurden, gaben sie ihm alle lachend Pardon. Schließlich erkundigten sie sich bei ihrem Narren, wo der Klosterschatz verwahrt sei. Und als sie der flugs zum geheimen Türlein der Schatzkammer führte, brachen sie es auf, fanden da aber nichts als Kerzenständer und vergoldete Leuchter, die die hastig Fliehenden zurückgelassen hatten, worauf sie ihn, der sie geäfft, mit Ohrfeigen bedrohten.
>
> Zwei von ihnen erstiegen den Glockenturm; der Hahn auf seiner Spitze sei aus Gold, so wähnten sie ... und da ihn der eine mit der Lanze losreißen wollte und sich dabei zu stark vorbeugte, stürzte er aus der Höhe in den Vorhof und kam um. Der andere gelangte unterdessen zur Spitze der östlichen Zinne, und als er zur Verhöhnung Gottes sich anschickte, den Leib zu entleeren, stürzte er rücklings herab und ward völlig zerschmettert. Und die beiden haben sie - wie Heribald hernach erzählte - zwischen den Türpfosten verbrannt, und wiewohl der Flammen speiende Scheiterhaufen Türbalken und Deckengetäfel heftig angriff und mehrere den Brand um die Wette mit Stangen schürten, vermochten sie weder die Gallus- noch die Magnuskirche in Brand zu stecken.
>
> Es standen aber im Gemeinschaftskeller der Brüder zwei Fässer Wein, die waren noch voll bis zu den Zapfen. In jenem entscheidenden Augenblick hatte niemand gewagt, die Ochsen einzuspannen und anzutreiben, und so waren die Fässer zurückgeblieben. Doch hat sie keiner der Feinde geöffnet ... Denn als einer von ihnen mit geschwungener Axt eine der Halterungen zerhauen wollte, sagte Heribald, der sich unter ihnen schon ganz heimisch fühlte: „Laß, guter Mann! Was willst du denn, daß wir nach eurem Abzug trinken sollen?" Und wie jener das übersetzt bekam, lachte er laut und bat die Genossen, die Fäßlein ihres Narren nicht anzurühren ...
>
> Sie aber schickten um die Wette Späher aus, die die Wälder und alle Winkel durchkämmen sollten, und warteten auf sie, ob sie etwas Neues meldeten ... Die Anführer aber hielten den inneren Klosterhof besetzt und schmausten in allem Überfluß. Auch Heribald sättigte sich in ihrem Kreis mehr als jemals sonst, wie er nachher gern erzählte. Und da sie sich zum Essen nach ihrer Gewohnheit einzeln, ohne Sitze zu benützen, auf dem grünen Gras niederließen, stellte er selber für sich und einen Kleriker, den sie als Beute ergriffen hatten, kleine Sessel hin. Die Ungarn aber zerrissen halbrohe Schulterstücke und andere Teile geschlachteter Tiere ohne Messer mit ihren Zähnen, und hatten sie das Fleisch verschlungen, bewarfen sie sich untereinander zum Spaß gegenseitig mit den abgenagten Knochen. Auch Wein ... schöpfte jeder nach Belieben, soviel ihn gelüstete. Nachdem sie aber vom Wein heiß geworden, schrien sie alle in greulichster Weise zu ihren Göttern. Den Kleriker jedoch und ihren Narren zwangen sie, dasselbe zu tun. Der Kleriker aber war ihrer Sprache mächtig, weshalb sie ihn auch am Leben gelassen hatten, und heulte nun kräftig mit ihnen. Heribert aber sang ebenfalls mit, wenn er auch von rauher Stimme war. Bei dem ungewohnten Gesang der Gefangenen strömten alle, die da waren, zusammen, und in ausgelassener Freude tanzten und rangen sie vor ihren Anführern.

Worterklärung
Zinne: durchbrochene Mauerkrone

Aufgaben
a) Was veranlasste die Ungarn zu ihren Überfällen?
b) Warum waren die Überfälle durch die Ungarn so gefährlich?
c) Nenne drei Gründe dafür, dass Ekkehard die Ungarn so negativ darstellte!
d) Warum waren gerade Klöster das Ziel der Angriffe und warum waren diese so verwundbar?
e) Wo wird der erhobene Zeigefinger des Klosterlehrers Ekkehard sichtbar?

MATERIALIEN

M 6.2 Eine frühe Burg

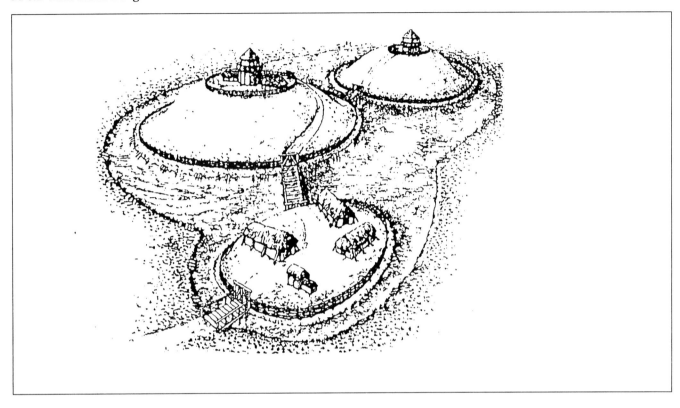

M 6.3 König Heinrichs „Burgenbauordnung" (um 926)
Widukind berichtete dazu:

> Wie nun König Heinrich, als er von den Ungarn einen Frieden auf neun Jahre erhalten hatte, mit größter Klugheit Sorge trug, das Vaterland zu sichern und die barbarischen Völker niederzuwerfen, dies auszuführen geht zwar über meine Kräfte, aber man darf es keinesfalls verschweigen.
> Zuerst wählte er unter den bäuerlichen Kriegern jeden neunten Mann aus und ließ ihn in den Burgen wohnen, damit er hier für seine acht Genosen Wohnungen errichtete und von allen Früchten den dritten Teil empfange und verwahre. Die acht übrigen sollten säen und ernten und Früchte sammeln für den Neunten und dieselben an ihrem Platz aufheben. Er gebot, daß die Gerichtstage und alle Märkte und Gastmähler in den Burgen abgehalten würden, mit deren Bau man sich Tag und Nacht beschäftigte, damit man im Frieden lerne, was man im Fall der Not gegen Feinde zu tun hätte. Außerhalb der Burgen gab es nur geringwertige oder überhaupt keine festen Häuser.

Aufgaben
a) Auf welche Weise wurde der Schutz gewährleistet?
b) Inwiefern zeigte sich in der Burgenbauordnung eine straffe Organisation?
c) Was ist mit dem „festen Haus" gemeint?
d) Erkläre, warum fortan die Ungarn keinen weiteren Erfolg mehr hatten!

MATERIALIEN

M 6.4 Die Schlacht auf dem Lechfeld (955)
Im Abstand von 10 Jahren berichtete Widukind von Corvey:

> Als König Otto Anfang Juli Sachsen betrat, kamen ihm Gesandte der Ungarn entgegen, als wollten sie ihn in alter Treue und Freundschaft besuchen ...
>
> Boten seines Bruders, des Herzogs der Bayern, warnten aber: „Paß auf, die Ungarn dringen in Gruppen aufgeteilt in dein Gebiet ein und haben sich vorgenommen, sich mit dir in eine Schlacht einzulassen". Im Bereich von Augsburg schlug er sein Lager auf, und hier stieß zu ihm das Aufgebot der Franken und Bayern ...
>
> Die erste, zweite und dritte Legion bildeten die Bayern, an ihrer Spitze standen die Befehlshaber des Herzogs Heinrich. Er selbst war inzwischen nicht mehr auf dem Kampfplatz, weil er an einer Krankheit litt, an der er dann auch starb. Die vierte bildeten die Franken unter der Leitung und Obhut des Herzogs Konrad. In der fünften, der stärksten, die auch die königliche genannt wurde, war der Fürst selbst, umgeben von den Auserlesenen aus allen Tausenden von Kriegern und mutigen jungen Männern, und vor ihm der Sieg bringende Engel, von einer dichten Mannschaft umgeben. Die sechste und siebte bestand aus Schwaben, die Burchhard befehligte, der die Nichte des Königs geheiratet hatte. In der achten waren tausend ausgesuchte böhmische Streiter, besser mit Waffen als mit Glück versehen; hier war auch alles Gepäck und der ganze Troß - als ob am sichersten sei, was sich am hintersten Ende befindet.
>
> Aber die Sache kam anders, als man glaubte. Denn die Ungarn durchquerten ohne Zögern den Lech, umgingen das Heer, begannen, die letzte Legion mit Pfeilschüssen herauszufordern; darauf unternahmen sie mit ungeheurem Geschrei einen Angriff, bemächtigten sich, nachdem sie die einen getötet oder gefangen genommen hatten, des ganzen Gepäcks und trieben die übrigen Bewaffneten dieser Legion in die Flucht. Ähnlich wurde die siebte und sechste angegriffen; nachdem eine Menge von ihnen getötet war, rannten die anderen auf und davon. Als der König aber bemerkte, daß der Kampf unglücklich verlief und in seinem Rücken die hintersten Heeresteile in Gefahr geraten waren, schickte er den Herzog Konrad mit der vierten Legion los, der die Gefangenen befreite, die Beute wieder zurückholte und die plündernden Haufen der Feinde verjagte. Nachdem die ringsumher plündernden feindlichen Scharen vernichtet waren, kehrte Herzog Konrad mit siegreichen Fahnen zum König zurück. Und erstaunlicherweise, während alte, an den Ruhm des Sieges gewohnte Kämpen zögerten, schaffte er mit jungen im Kampf fast unerfahrenen Kriegern den triumphalen Erfolg ...
>
> Als der König erkannte, daß nun der Kampf in seiner ganzen Wucht unter ungünstigen Umständen bevorstehe, ergriff er den Schild und die heilige Lanze und richtete selbst als erster sein Pferd gegen die Feinde, wobei er seine Pflicht als tapferster Krieger und als bester Feldherr erfüllte. Die Mutigeren unter den Feinden leisteten anfangs Widerstand, dann aber, als sie ihre Gefährten fliehen sahen, erschraken sie, gerieten zwischen unsere Leute und wurden niedergemacht. Von den übrigen indes zogen die, deren Pferde erschöpft waren, in die nächsten Dörfer ab, wurden dort von Bewaffneten umringt und samt den Gebäuden verbrannt; die anderen schwammen durch den nahen Fluß; aber da das jenseitige Ufer beim Hochklettern keinen Halt bot, wurden sie vom Strom verschlungen und kamen um.
>
> An diesem Tag nahm man das Lager, und alle Gefangen wurden befreit; am zweiten und dritten Tag wurde von den benachbarten Burgen aus der Masse der übrigen so sehr der Garaus gemacht, daß keiner oder doch nur sehr wenige entkamen. Aber nicht gerade unblutig war der Sieg über einen so wilden Stamm.
>
> Herzog Konrad nämlich, der tapfer kämpfte, wurde im Eifer des Gefechts und durch die Sonnenglut, die an diesem Tag enorm war, gewaltig heiß, und als er die Bänder des Panzers löste und Luft schnappte, fiel er, von einem Pfeil durch die Kehle getroffen. Sein Körper wurde auf königlichen Befehl hin ehrenvoll hergerichtet und nach Worms überführt; und dort wurde dieser Mann, groß und berühmt wegen all seiner geistigen und körperlichen Vorzüge, unter den Tränen und Klagen aller Franken beigesetzt ...
>
> Durch den herrlichen Sieg mit Ruhm beladen, wurde der König von seinem Heer als Vater des Vaterlandes und Kaiser begrüßt; darauf ordnete er für die höchste Gottheit Ehrungen und würdige Lobgesänge in allen Kirchen an.

Worterklärungen
Legion: Abteilung des Heeres
Sieg bringender Engel: Feldzeichen, Fahne mit der Darstellung eines Engels

Aufgaben
a) Was machte die Ungarn für die Panzerreiter so gefährlich?
b) An welchen Stellen des Berichtes wird deutlich, dass Widukind den Sieg als göttliche Vorsehung betrachtete?
c) Otto I. war seit 936 König, wurde aber erst 962 zum Kaiser gekrönt. Was bewog Widukind, ihn schon im Anschluss an die Schlacht auf dem Lechfeld zum Kaiser zu erklären?

MATERIALIEN

M 6.5 Panzerreiter und Herstellung eines Kettenhemdes

M 6.6 Panzerreiteraufgebot Kaiser Ottos II. (981)

Bischof Erkembald von Straßburg soll 100 Panzerreiter schicken; der Abt von Murbach führe 20 mit sich; Bischof Balderich von Speyer 20; Hildebald von Worms führe 40; der Abt von Weißenburg schicke 50; der Abt von Lorsch führe 50; der Erzbischof von Mainz schicke 100; der Erzbischof von Köln 100; der Bischof von Würzburg 40; der Abt von Hersfeld 40; Graf Heribert führe 30 und der Sohn seines Bruders komme entweder mit 30 oder schicke 40; Megingaus soll mit Hilfe Burkhards 30 führen; Kuno, der Sohn Kunos, führe 40; vom Herzogtum Elsaß sollen 70 geschickt werden; Bezolin, der Sohn des Arnust, führe 12; Azolin, der Sohn Rudolfs, schicke 30; Otto, der Bruder Gebizos, schicke 20; Graf Hezel führe 40; der Abt von Fulda schicke 40; Graf Gunthram führe 12; Unger führe 20; Herr Sikko, des Kaisers Bruder, führe 20; Otto führe 40; Herzog Karl von Niederlothringen, als Wächter des Vaterlandes nach Hause entlassen, soll den Boso mit 20 schicken; der Bischof von Lüttich schicke 60 unter Hermann oder Immo; der Bischof von Cambrai schicke 12; Gedulf führe 12 mit Hilfe der Äbte von Inden und Stablo; Graf Theoderich schicke seinen Sohn mit 12; Graf Ansfred schicke 10; die Markgrafen Gottfrid und Arnulf schicken 40; Graf Sikkos Sohn führe 30 mit sich; der Abt von Prüm führe 40; der Erzbischof von Trier führe 70; der Bischof von Verdun führe 40; der von Toul schicke 20; der Erzbischof von Salzburg schicke 70; der Bischof von Regensburg ebensoviel; Abraham, Bischof von Freising schicke 40; Bischof Reginald von Eichstätt führe 50; Bischof Alboin von Säben führe 20; der Bischof von Augsburg führe 100; der Bischof von Konstanz schicke 40; der Bischof von Chur führe 40; der Abt von Reichenau führe 60; der Abt von St. Gallen führe 40; der Abt von Ellwangen führe 40; der Abt von Kempten führe 30.

Worterklärung
Inden: heute Kornelimünster
Säben: ehemaliges Bistum in Tirol
Stablo: heute Stavelot

Aufgaben
a) Stelle in getrennten Listen die weltlichen und die geistlichen Panzerreiter zusammen. Wie groß war das Heer mindestens?
b) Welche Gründe gab es für die unterschiedliche Anzahl der Reiter, die die Fürsten zu stellen hatten?
c) Warum mussten die Bischöfe und Äbte Panzerreiter stellen?
d) Worin zeigt sich, dass Otto II. sich hauptsächlich auf die geistlichen Fürsten stützen musste?
e) Erkläre den Namen „Kettenhemd"!
f) Gegen welche Waffen schützten Kettenhemde, gegen welche nicht?

MATERIALIEN

M 6.7 Ein slawischer Burgwall

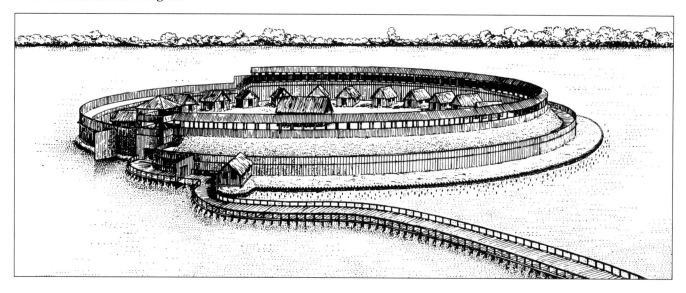

M 6.8 Krieg zwischen Sachsen und Slawen

Sommer 983	Aufstand der Lutizen gegen die deutsche Herrschaft und die christliche Kirche
	Slawen verwüsten das Kloster Kalbe
983	Abodriten zerstören Hamburg
August 983	Slawen dringen in die Altmark vor und verwüsten alle Burgen und Dörfer bis zur Tanger
Juni 984	Meißen wird von den Böhmen eingenommen und besetzt
	Bischof Volkholt von Meißen wird durch die Böhmen vertrieben
985	Kriegszug der Sachsen gegen die Slawen mit Unterstützung des polnischen Fürsten Mieszko; das Slawenland wird weithin verwüstet.
April 986	Fürst Boleslav von Böhmen und Fürst Mieszko von Polen huldigen in Quedlinburg dem jungen König Otto III.
Sommer 986	Gemeinsamer Kriegszug gegen die Slawen, insbesondere die Böhmen durch König Otto III. und den polnischen Fürsten Mieszko; Mieszko bringt Otto reiche Geschenke dar, unter anderem ein Kamel.
August 987	Kriegszug der Sachsen in die Gebiete der Slawen und Böhmen; diese unterwerfen sich, und die Burgen an der Elbe werden wiederhergestellt.
ab 987	Markgraf Ekkehart zwingt die Milzener zur Unterwerfung und gewinnt durch Drohungen und Schmeicheleien den Polenfürsten Boleslav zum Freund.
990	Ein sächsisches Heer marschiert gegen den Fürsten Boleslav von Böhmen, ohne dass es zur Schlacht kommt.
	Kämpfe der sächsischen Markgrafen an der Seite des böhmischen Fürsten Boleslav gegen Mieszko von Polen an der Oder; Sachsen und Böhmen verwüsten das Land Mieszkos.
	Auf seinem Rückzug von der Oder erobert Boleslav von Böhmen eine Burg, deren Kommandanten er den Lutizen überlässt, die ihn ihren Göttern opfern.
	Die Abodriten kämpfen gegen die Sachsen und dringen, vor allem im Bistum Oldenburg (in Holstein) eine Spur der Verwüstung hinterlassend, bis nach Hamburg vor.
	Die Sachsen dringen zweimal verheerend in das Abodritenland vor und töten zahlreiche slawische Führer.
	Der (sich zum Christentum bekennende) Abodritenfürst Mstislav löst das Mecklenburger Nonnenkloster auf und teilt die Nonnen seinen Kriegern als Frauen zu.
	Das Bistum Schleswig wird durch heidnische Barbaren verwüstet, der Bischof flieht; Kirche und Stadt veröden.
Sommer 991	Ein großes Heer unter der Führung von König Otto III. belagert und erobert mit Unterstützung des Polenfürsten Mieszko das elbslawische Brandenburg.
Herbst 991	Nach dem Abzug König Ottos III. bemächtigt sich der Sachse Kizo mit Hilfe der Lutizen der Brandenburg, von wo aus er mehrere Raubzüge über die Elbe nach Sachsen unternimmt.
Sommer 992	Die Sachsen unternehmen zwei Kriegszüge gegen die Elbslawen; König Otto III. belagert mit Hilfe des Bayernherzogs Heinrich und des böhmischen Fürsten Boleslav wiederum Brandenburg, diesmal aber erfolglos.

MATERIALIEN

M 6.9 Slawische Burgwälle in Ostdeutschland

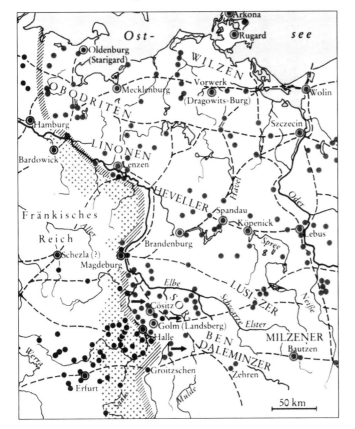

- • slawische Burgwälle 8. – 9. Jh.
- ○ slawische Stammesmittelpunkte
- ⁙ slawische Siedlungen im fränkischen Reich
- ▨ Grenze des fränkischen Reiches im 8. – 9. Jh.

M 6.10 Das Wendland und ein Dorf im Wendland

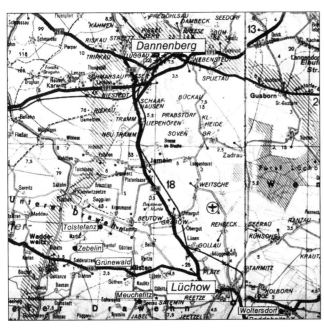

Aufgaben
a) Die Anlage von Tolstefanz war für westslawische Dörfer typisch. Suche einen Namen für diese Art zu bauen! Welche Vorteile bot sie?
b) Viele slawische Ortsnamen erhielten sich im Wendland. Sie stehen neben deutschen Ortsnamen. Was lässt sich aus diesem Nebeneinander erschließen?
c) Was bedeutet der Name „Wendland"?
d) Viele Städtenamen Ostdeutschlands wie z. B. Dresden, Leipzig, Dessau, Rostock haben einen slawischen Ursprung. Was ist daraus zu schließen?

MATERIALIEN

M 6.11 Slawischer Tempel und slawische Gottheit

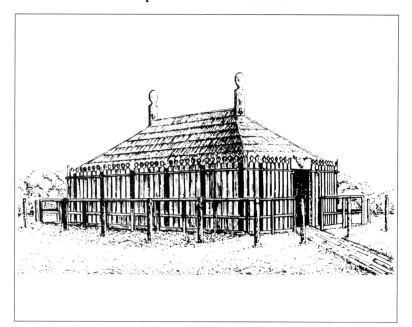

M 6.12 Aus einem Brief des Bischofs Brun
Im Jahr 1016 schrieb Brun an König Heinrich II.:

Gottes Werke zu enthüllen und zu bekennen verschafft uns Ehre; am allerwenigsten darf ich sie Euch verschweigen, durch dessen heilige Überredung ich Bischof bin und wegen des heiligen Petrus das Evangelium Christi zu den Heiden bringe. Hat doch ein ganzes Jahr seine Tage und Monate erfüllt, seit wir die Ungarn, wo wir lange vergebens gesessen haben, haben fahren lassen und uns auf den Weg zu den Petschenegen, den grausamsten von allen Heiden, gemacht haben. Der Fürst der Russen, ein Großer durch Herrschaft und Reichtum, hat mich einen Monat festgehalten und meinem Willen widerstrebend auf mich eingewirkt, so als hätte ich mich freiwillig verderben wollen, damit ich nicht zu einem so unvernünftigen Volke zöge, wo ich keinen Gewinn an Seelen, sondern allein den Tod, und zwar den allerschimpflichsten, finden würde.
Als er nichts vermochte und ein Gesicht ihn wegen meiner, des Unwerten, erschreckte, gab er selbst mir zwei Tage mit seinem Heere das Geleit bis zur äußersten Grenze seines Reiches, die er wegen des schweifenden Feindes mit einem sehr festen und langen Verhau ringsum geschlossen hatte. Da stieg er vom Pferde zu Boden; ich mit den Gefährten voran, er mit seinen Großen nachfolgend, durchschritten wir das Tor. Er blieb auf einem, wir auf einem anderen Hügel stehen; ich selbst trug das Kreuz, es mit Händen umfassend, und sang das edle Lied: „Petrus, du liebst mich, weide meine Schafe."
Nach dem Ende des Wechselgesanges sandte der Fürst einen seiner Großen zu uns, um zu sagen: „Ich habe dich dahin geführt, wo mein Land aufhört und das der Feinde beginnt. Ich bitte dich um Gottes willen, wirf nicht zu meiner Schande dein junges Leben fort. Ich weiß es, morgen, vor der dritten Stunde mußt du ohne Nutzen, ohne Grund den bitteren Tod schmecken." Ich gab zurück: „Gott öffne dir das Paradies so, wie du uns den Weg zu den Heiden eröffnet hast!" ...
Am Sonntage kamen wir zu einem größeren Volke, und es wurde uns eine Lebensfrist gewährt, bis durch Eilboten das ganze Volk zum Rate versammelt wäre. Also wurden wir am nächsten Sonntag zur neunten Stunde vor den Rat gerufen, man geißelte uns und die Pferde, uns gegenüber stand ein zahlloses Volk mit grausamen Blicken, das ein schreckliches Geschrei erhob; tausend Beile, tausend Schwerter fuhren über unseren Hals aus den Scheiden, man drohte, uns in Stücke zu hauen. Man quälte uns bis Dunkelwerden, zog uns hier- und dorthin, bis die Großen des Landes, die uns kämpfend ihren Händen entrissen, unsere Absicht vernahmen und als weise Männer erkannten, daß wir in guter Absicht in ihr Land gekommen waren.
Und so blieben wir fünf Monate bei diesem Volke, drei Viertel des Landes bereisten wir, das vierte berührten wir nicht ...
Nachdem etwa dreißig Seelen zum Christentum bekehrt waren, machten wir auf den Fingerzeig Gottes einen Frieden ...
Und so wurde zu größerem Ruhme und Lobe Gottes des Erlösers das christliche Gesetz in dem allerbösesten und grausamsten Volke unter allen Heiden, die auf Erden sind, errichtet.

Worterklärung
Petschenegen: Volk zwischen Don und Donau

Aufgaben
a) Wie erfolgreich war die Mission bei den Petschenegen?
b) Warum sprach Bischof Brun zuerst die Adligen bei den Petschenegen an?
c) Woran erinnern die Firstfiguren des Tempels?
d) Was macht die Figur als heidnische Gottheit kenntlich?

MATERIALIEN

M 6.13 Die slawische Stadt Gnesen

M 6.14 Besuch Kaiser Ottos III. in Gnesen (1000)
In einer Chronik hieß es:

> Boleslaw nahm Kaiser Otto so ehrenvoll und großartig auf, wie es sich für einen König ziemte, einen römischen Kaiser und so hohen Gast aufzunehmen. Denn bei der Ankunft des Kaisers zeigte Boleslaw außerordentliche Wunderwerke, vor allem mannigfache Schlachtreihen, dann ließ er in einer weiträumigen Ebene gleichsam die „Chöre" der Fürsten sich in Reihen aufstellen, und die buntfarbige Verschiedenheit der Kleidung gab den einzelnen Schlachtreihen deutlich getrennt ein schillerndes Bild. Und es gab dort nicht irgendeine billige Buntheit der Ausstattung, sondern alles, was man überhaupt unter den Völkern als das Wertvollere finden kann. Denn zur Zeit Boleslaws trugen alle Ritter und Frauen des Hofes Pelzmäntel anstatt Leinen- oder Wollkleider, und auch noch so kostbare Pelze, auch wenn sie neu waren, trug man an seinem Hof nicht ohne Unterbesatz und Goldbrokat. Gold wurde nämlich zu seiner Zeit von allen für so gemein gehalten wie Silber, Silber aber hielt man für so wohlfeil wie sonst Stroh.
> Als der römische Kaiser seinen Ruhm, seine Macht und seinen Reichtum betrachtete, sprach er voll Bewunderung: „Bei der Krone meines Reiches, was ich sehe, ist größer, als ich durch Erzählen vernommen habe." Und auf den Rat seiner Großen fügte er vor allen hinzu: „Es ziemt sich nicht, daß ein so großer und so bedeutender Mann wie jener von den Fürsten Herzog oder Graf genannt werde, sondern daß er, ehrenvoll mit einem Diadem umwunden, auf einen Königsthron erhoben werde." Und er nahm das kaiserliche Diadem seines Hauptes, setzte es zum Freundschaftsbund auf Boleslaws Haupt und gab ihm anstelle des Triumphbanners einen Nagel vom Kreuz des Herrn mit der Lanze des heiligen Mauritius zum Geschenk, wofür ihm Boleslaw seinerseits einen Arm des heiligen Adalbert schenkte.
> Und sie haben sich an jenem Tage in solcher Hochschätzung gegenseitig geeinigt, daß ihn der Kaiser als Bruder und Mithelfer des Reiches einsetzte und Freund und Bundesgenosse des römischen Volkes nannte ... Das Dekret über diese Abmachung bestätigte Papst Silvester durch ein Privileg der heiligen römischen Kirche.
> Nachdem nun Boleslaw vom Kaiser so glanzvoll zum König erhoben war, übte er die ihm von Natur mitgegebene Freigebigkeit dadurch aus, daß er an den drei Tagen seiner Weihe ein Festmahl wie ein König und wie ein Kaiser feierte, an den einzelnen Tagen alle Gefäße und alles Tischgerät auswechselte und noch verschiedenes Andere und viel Wertvolleres darreichte. Dann am Ende des Festmahls ließ er Mundschenken und Speiseträger die Gold- und Silbergefäße – solche aus Holz gab es nämlich dort nicht – und zwar Becher und Pokale, Schüsseln, Platten und Trinkhörner von allen Tischen der drei Tage einsammeln und schenkte dies dem Kaiser als Ehrengeschenk, nicht als fürstliche Abgabe. Ähnlich ließ er von den Kammerleuten breite Stoffgewebe und Wandbehänge, Teppiche, Decken, Tischtücher, Handtücher und alles, was zur Bedienung dargereicht wurde, einsammeln und in die Kammer des Kaisers schaffen. Darüber hinaus verschenkte er auch andere Gefäße in großer Zahl, und zwar solche aus Gold und Silber von unterschiedlicher Arbeit, buntfarbige Mäntel, Schmuckwerke unbekannter Art, Edelsteine, und er zeigte so viel und so Großes solcher Art, daß der Kaiser diese Geschenke für ein Wunder hielt.

Aufgaben
a) Die Angaben über den fürstlichen Reichtum Boleslaws stimmen. Welche sind aber doch übertrieben?
b) Worin zeigt sich, dass bei den Slawen das Volk um den Fürsten gruppiert war?
c) Wer saß wo im Burgwall?
d) Aus wessen Sicht schrieb der Chronist?

MATERIALIEN

M 7.1 Ein Brückenfort gegen die Normannen
Das Fort ließ Kaiser Karl der Kahle an der Seine seewärts von Paris anlegen.

M 7.2 Chronik der Normannenstürme

858	Bern, der Führer der Seeräuber an der Seine, kam zu König Karl nach der Pfalz Verberie, gab sich in seine Hände und leistete ihm aus freien Stücken den Eid der Treue. Ein anderer Teil dieser Seeräuber nahm Ludwig, den Abt von St. Denis, mit seinem Bruder Gauzlin gefangen und legte ihnen für ihre Befreiung eine ungeheure Summe auf, für welche viele Schätze der Kirchen Gottes aus Karls Reich nach seiner eigenen Weisung erschöpft wurden; da diese aber durchaus nicht ausreichten, so wurde von diesem Könige und von allen Bischöfen, Äbten, Grafen und anderen mächtigen Männern wetteifernd viel beigesteuert, um jene Summe voll zu machen.
859	Die Dänen verwüsteten das Land hinter der Schelde. Das gemeine Volk zwischen Seine und Loire, das sich miteinander verschworen hatte, leistete den Dänen, die sich an der Seine festgesetzt hatten, tapferen Widerstand ... Dänische Seeräuber, die einen weiten Seeweg zurückgelegt hatten, indem sie zwischen Afrika und Spanien hindurch schifften, drangen in die Rhone ein, und ließen sich, nachdem sie etliche Städte und Klöster gebrandschatzt hatten, auf einer Insel nieder.
862	König Karl hieß alle Großen seines Reiches in Pîtres, wo von der einen Seite die Andelle und von der anderen die Eure in die Seine einfließen, zu Anfang Juni mit vielen Werkleuten und Karren sich versammeln, und indem er hier Befestigungen in der Seine errichtete, schnitt er den Normannen und allen ihren Schiffen die Möglichkeit des Hinauf- und Hinabfahrens ab.
863	Im Januar fuhren die Dänen den Rhein hinauf gegen Köln, und nachdem sie den Hafenplatz Dorestadt sowie eine andere nicht unbedeutende Stadt, in welche sich Friesen geflüchtet hatten, verwüstet, viele friesische Kaufleute getötet und eine nicht geringe Menge Volks gefangen genommen hatten, kamen sie bis zu einer Insel bei der Burg Neuss. Hier griff sie König Lothar mit den Seinen von dem einen Ufer des Rheins und die Sachsen von dem andern Ufer an und hielten sie bis Anfang April belagert, worauf die Dänen auf den Rat ihres Anführers Rorich, wie sie gekommen waren, auch wieder fortzogen.
865	Karl zog von Attigny mit einem Heer gegen die Normannen, die mit fünfzig Schiffen in die Seine gekommen waren ... Die Normannen in der Loire zogen zu Lande ungehindert nach Poitiers, verbrannten die Stadt und kehrten dann ungestraft zu ihren Schiffen zurück. Fürst Robert aber tötete von diesen Normannen der Loire mehr als fünfhundert ohne Verlust der Seinigen und übersandte an Karl normannische Fahnen und Waffen ... Mehr als fünfhundert Normannen, welche von hier jenseits der Seine bis nach Chartres ihren Raub ausdehnen wollten, wurden von den Wächtern des Ufers dieses Flusses angegriffen und zogen sich, nachdem einige der Ihren gefallen, einige auch verwundet worden waren, nach ihren Schiffen zurück.

Worterklärung
Normannen: Leute aus Nordeuropa

Aufgaben
a) Auf welche Weise versuchten die Franken, die Normannen an ihren Zügen zu hindern?
b) Waren sie damit erfolgreich?
c) Was machte die Abwehr so schwierig?
d) Warum übernachteten die Normannen vornehmlich auf Inseln?

MATERIALIEN

M 7.3 Eine Statistik: Anzahl der Schiffe und der Krieger

Jahr	Ort	Schiffe	Krieger	Jahr	Ort	Schiffe	Krieger
789	Dorset	3		866	Loire		400
820	fläm. Küste	13		869	Loire		60*
836	Somerset	35		873	Friesland		500*
840	Hampshire	33		874	England	7	
843	Somerset	35		876	Seinemündung	100	
	Loire/Nantes	67		877	Dorset	120	
844	Spanien	70-80		878	Devon	23	840+*
845	Hamburg	600		880	Thiméon		5000*
	Friesland		1200*	881	Saucourt		9000*
	Seine		600*	882	Avaux		1000*
	Paris	120			Elsloo	200	
848	Dordogne	9			England	4	
851	Themse	350		885	Ost-Anglia	16	
852	Friesland	252		885/6	Paris	700	
853	Loire	105		891	St. Omer		550*
855	Poitou		300	892	Kent	250	
861	Seine	200+			Kent	80	
		60+		893	Devon	140	
862	Loire	12		894	Sussex		viele 100
865	Charente		400*	896	Dorset	6	125*
	Loire	40	500*				
	Seine	50					
	Chartres		500+	* abgerundete Zahlen			
	Paris		200	+ mehr als			

M 7.4 Fahrten der Normannen und Wikinger

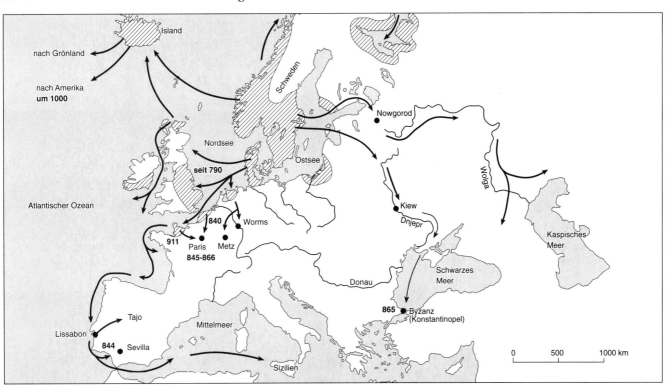

Aufgaben
a) Warum ist es nicht möglich, die Zahl der Schiffe bzw. der Leute genau zu ergänzen?
b) Wo gab es die meisten Überfälle und warum?
c) Verfolge auf der Karte die einzelnen Normannenzüge!

MATERIALIEN

M 7.5 Eine Reise des Bischofs Ansgar von Bremen nach Schweden
In seiner Lebensbeschreibung (um 870) heißt es:

> Ansgar übernahm also die ihm vom Kaiser übertragene Gesandtschaft; er sollte nach Schweden reisen und prüfen, ob das Volk wirklich zur Annahme des Glaubens bereit sei. Als sie etwa die halbe Strecke zurückgelegt hatten, begegneten ihnen Raubwikinger. Die Händler auf ihrem Schiffe verteidigten sich mannhaft und anfangs auch erfolgreich; beim zweiten Angriff jedoch wurden sie von den Angreifern völlig überwältigt und mußten ihnen mit den Schiffen all ihre mitgeführte Habe überlassen; kaum konnten sie selbst entrinnen und sich an Land retten. Auch die königlichen Geschenke, die sie überbringen sollten, und all ihr Eigentum gingen dabei verloren bis auf Kleinigkeiten, die sie zufällig beim Sprung ins Wasser bei sich hatten und mitnahmen. Unter anderem büßten sie durch die Räuber etwa 40 Bücher ein, die für den Gottesdienst zusammengebracht worden waren.
>
> Während nun nach diesem Unglück einige heimkehren, andere weiterwandern wollten, ließ sich der Diener Gottes durch keinerlei Erwägungen von der einmal begonnenen Reise abbringen ...
>
> Nun legten sie den unendlich weiten Weg unter großen Schwierigkeiten zu Fuß zurück, setzten in Booten über hemmende Meeresbuchten, wo es sich fügte, und gelangten schließlich in den schwedischen Hafenort Birka. König Björn empfing sie freundlich und gestattete den beiden, während ihres Aufenthalts Christi Botschaft zu verkünden; wen danach verlange, der möge bei ihnen Unterweisung suchen.
>
> Als die Diener Gottes ihren Wunsch glücklich erfüllt sahen, begannen sie sofort voller Freude, der Bevölkerung dort die Heilsbotschaft zu verkünden. Nicht wenige förderten ihre Sendung und waren bereit, die Lehre des Herrn zu hören. Auch lebten dort zahlreiche Christensklaven, die froh waren, endlich wieder der heiligen Sakramente teilhaftig zu werden ...
>
> Auch der Vorsteher Birkas gehörte zu diesen, Hergeir, dessen Rat beim König viel galt; er sollte nach Empfang der heiligen Taufe ein besonders treuer Anhänger des rechten Glaubens werden. Nur wenig später errichtete er auf seinem Eigenbesitz eine Kapelle ...

M 7.6 Normannenschiffe

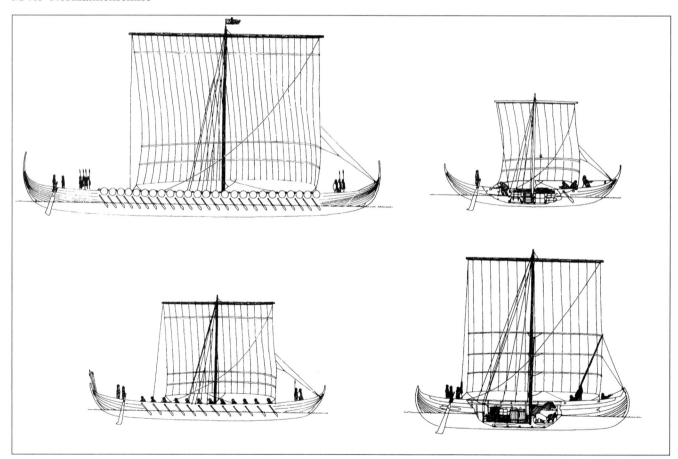

Aufgaben
a) Welchen Schiffstyp benutzte Ansgar vermutlich?
b) Warum war der Verlust der Bücher besonders schmerzlich?
c) Woher stammten die christlichen Sklaven auf Birka?
d) Wie groß war die Besatzung eines Schiffes mindestens?

MATERIALIEN

M 7.7 Die Handelsstadt Birka in Schweden

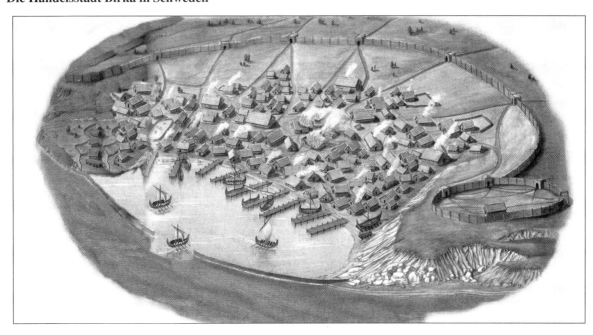

M 7.8 Ein Überfall auf Birka
Rimbert berichtete in „Ansgars Leben" um 870:

> Etwa zur gleichen Zeit lebte der aus seinem Reiche vertriebene Schwedenkönig Anund landflüchtig bei den Dänen. Der erbat zur Rückgewinnung seiner einstigen Herrschaft dänische Hilfe und versprach, für ihre Gefolgschaft sollten sie reichen Gewinn haben. Er schilderte ihnen den Handelswik Birka; da gebe es viele vermögende Händler, Überfluß an Waren aller Art, und viel Geld und Schätze.
> Er versprach, zu diesem Wik wolle er sie hinführen; sie würden dort ohne Schaden für ihr Heer viel Brauchbares für sich erbeuten. Voller Gier nach dem Erwerb dieser Reichtümer freuten sich die Dänen der zugesicherten Geschenke, bemannten zu seiner Hilfe 21 Schiffe und fuhren mit ihm aus. Er selbst besaß 11 eigene Schiffe.
> So verließen sie Dänemark und erschienen unerwartet vor Birka, dessen König gerade in der Ferne weilte; weder Vornehme noch die Volksmenge konnten aufgeboten werden. Hergeir, der Vorsteher des Wik, verfügte nur über die ansässigen Händler und Einwohner. Die aber flohen voller Entsetzen in die benachbarte Burg, leisteten Gelübde, versprachen und opferten ihren Götzen reiche Gaben, um sich durch deren Hilfe aus der großen Gefahr zu retten. Nun war aber die Burg nicht sehr fest und die Zahl der Verteidiger klein; deshalb schickten sie mit der Bitte um Handschlag und Vergleich Unterhändler zu den Angreifern.
> Der König bestimmte, nach Erlegung einer Loskaufsumme von 100 Pfund Silber für ihren Wik sollten sie Frieden haben. Sofort übersandten sie ihm das verlangte Geld, und der König nahm es entgegen. Doch die Dänen waren unzufrieden mit dem ihrer Vereinbarung widersprechenden Vertrage; sie planten daher einen plötzlichen Überfall, eine gründliche Plünderung und Einäscherung des Ortes; jeder einzelne Händler dort besitze mehr, als man ihnen geboten habe, behaupteten sie; so ließen sie sich nicht hintergehen!
> Auch die Wikbewohner bemerkten dieses Streiten und die Vorbereitungen zur Zerstörung ihrer Fluchtburg. Da versammelten sie sich wieder; weil aber ihre Kräfte zum Widerstand völlig unzureichend waren und ein Entkommen undenkbar, forderten sie sich gegenseitig zur Darbringung noch größerer Gelübde und Opfer an ihre Götter auf. Hiergegen ergriff Hergeir, der Getreue des Herrn, zornerfüllt das Wort: „Gott verflucht eure Gelübde und Opfer samt euren Götzen! Wie lange wollt ihr noch Dämonen dienen und euch zum eigenen Verderben durch sinnlose Gelübde arm machen? Viel habt ihr geopfert, noch mehr gelobt und obendrein 100 Pfund Silber gegeben. Was hat es euch geholfen? Jetzt wollen die Feinde all euer Gut rauben, eure Frauen und Kinder als Sklaven wegführen, Burg und Wik verbrennen; ihr selbst werdet im Kampfe umkommen. Was nützen euch da eure Götterbilder?"

Worterklärung
Wik: Unbefestigte Handelsstadt

Aufgaben
a) Finde Überschriften für die einzelnen Abschnitte!
b) Was meinte Rimbert mit „Götzen"?
c) Was wollte er mit dieser Geschichte darüber hinaus deutlich machen?
d) Welche Angaben im Bericht lassen sich auch auf dem Bild von Birka feststellen?

MATERIALIEN

M 7.9 Schnellwaage und Hacksilber

Aufgaben
a) Woraus bestand das Hacksilber und woher stammte es?
b) Wozu wurde das Hacksilber genutzt?
c) Warum mussten die Kaufleute immer eine Waage bei sich tragen?

M 7.10 Fahrten der wikingischen Kaufleute

Wichtige Fernhandelsgüter der Wikingerzeit waren:

Für die Wikinger und wikingischen Kaufleute: (Hack-)Silber, Seide, Gewürze, Schmuck aus dem Osten und Wein, Glaswaren, Töpferwaren, Waffen vornehmlich aus West- und Mitteleuropa

Für die Menschen in West- und Mitteleuropa: Bernstein, Pelze, Federn und Daunen, Holz und Teer, Schiefer für Wetzsteine, Speckstein für Kochgefäße, Salzheringe als Fastenspeise, Seehundfelle, Walrosszähne

Für die Menschen im Mittelmeergebiet und Byzanz: Sklaven, Elfenbein, Pelze, Honig, Wachs

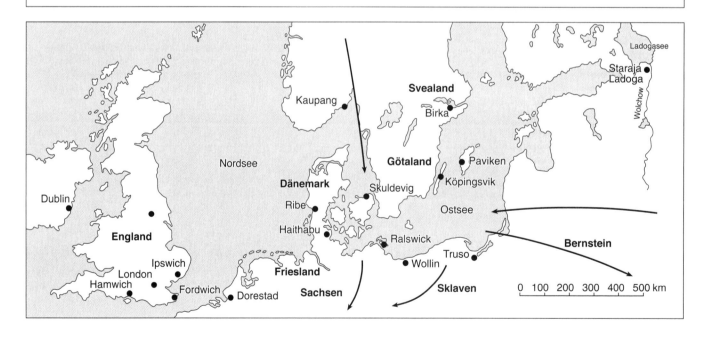

Aufgaben
a) Welche Gemeinsamkeit haben alle Handelszentren?
b) Trage die Herkunft und Bestimmung einiger Fernhandelsgüter in die Karte ein!

MATERIALIEN

M 7.11 Die Wikinger im Nordatlantik

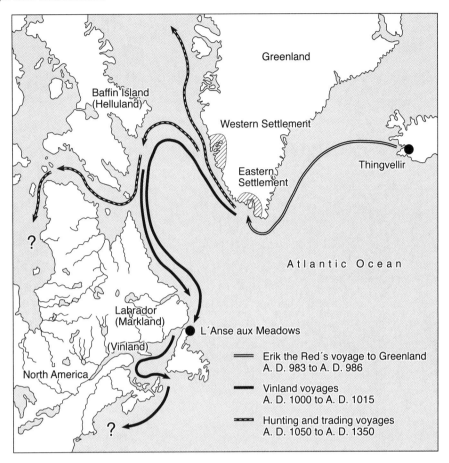

M 7.12 Ein Siedlungsplatz der Wikinger in Nordamerika

Die isländischen Sagas berichten, daß schon vor tausend Jahren Norweger und Isländer über den Nordatlantik nach Grönland und nach Nordamerika segelten. Erik der Rote entdeckte Grönland und siedelte dort. In Kanada wurde eine Siedlung der Wikinger ausgegraben.

Aufgaben
a) Was trieb Erik zu seinen Fahrten an?
b) Suche Gründe dafür, dass nicht Erik, sondern Kolumbus als Entdecker Amerikas gilt!
c) Warum wohnten die Wikinger in Nordamerika in Erdhäusern?
d) Übersetze die Begriffe in der Karte!

MATERIALIEN

M 8.1 Erzbergbau (Folie in Farbe)

M 8.2 Arbeiten der Bergleute

> Abt Martin von St. Trudpert im Schwarzwald setzte 1512 fest, daß die Bergleute
> zu obgeschriben bergen mögen stollen unnd schaecht fueren unnd ansytzen, nach Gelegenheit unnd notdurft des bergwercks. Ouch haben wir, gedachten abbt und convent, ihnen verlyhen weg, steg, platz, stein, wasser (ußgenomen die vysch), holtz zu huwen, hütten machen, zu rösten, zu kolen, weschen, schmeltzen und zu allem dem, das des bergwercks nottdurfft erfordert.

Aufgaben
a) Übertrage den Text in modernes Deutsch!
b) Welche Arbeiten werden im Text genannt?
c) Welche kannst du auf dem Bild finden?

M 8.3 Aus einer Schwarzwälder Bergordnung (um 1370)

> 1. Der Bergvogt soll all Wochen einmal in den Berg fahren und ein Uffsehen han, damit die Arbeiter sampt dem Huotmann ihre Arbeit zum Besten vollführen und die Erzgänge nicht mit Abraum verstürzt werden.
> 2. Wo ziemlich ist zuo sperren und die Nott das erheischt, soll der Bergvogt gebietten, das zuo sperren, damit die Arbeiter irs Libs sicher mögen sin in- und uszefaren. …
> 5. Der Vogt soll auch in der Wochen einmal zuo der Schmelczhütten und Erczmüly luogen, um, wenn er ein Missehandell spürte, zuo verschaffen, das er werde abgestellt. Dafür sollen im die Fronherren all Wochen geben 16 Kreuzer.
> 6. Der Vogt soll den Arbeittern auf keinen Fall gestatten, das gehowen Ercz in der Gruoben ligen zu lossen, sondern darauf achten, dass es zuo der Hütten werde gefuert. ...
> 8. Der Vogt soll ouch mit dem Schmeltzer darauf achten, dass die Ercz zum fürderlichsten gemalen, geschlichet, geschmelzt und abtriben werden. …
> 10. Es soll ouch ein yeder Huottmann dem Vogt geloben, den Fronherrn iren Nucz noch sinem Vermögen ze schaffen.
> 11. Der Huotmann soll mit den Arbeitern an das Werk an und ab fahren und acht Arbeiter uff der Schicht haben.
> 12. Der Huotmann und ein Arbeiter, er sye im Berg, uff der Erzmüly, im Schmelczhoff etc. zuom Tag acht Stunden werken, vier Stund vor Mittag und vier Stund nach Mittag, dis ist die rechte Bergeschicht.

Worterklärung
Huotmann: Aufseher
Fronherren: Bergwerksunternehmer

Aufgaben
a) Übertrage den Text ins Hochdeutsche! Hinweis: Lies den Text dafür laut!
b) Welche Vorgänge sind in Punkt 8 gemeint?

M 8.4 Die Feinde des Bergbaus (Folie in Farbe)

Aufgabe
Welches waren die Feinde des Bergbaus und warum waren sie schädlich für ihn?

MATERIALIEN

M 8.5 Eine Sage aus dem Schwarzwald
Eine Sage berichtete vom Ursprung der Herzöge von Zähringen:

> Das die Hertzogen von Zeringen vor Zeiten Köler seind gewesen, unnd haben jr Wonung gehabt in dem Gebirg, unnd den Weldern hinder Zeringen dem Schlos unnd haben alda Kollen gebrent. Nun hat es sich begeben, das derselbig Köler an einem Ordt in dem Gebirg Kollen hatt gebrant, unnd hatt mit demselbigen Grund unnd Erden den Kolhauffen bedeckt, unnd den also do ausgebrant.
> Da er nun die Kollen hinweg hatt gethan, hatt er an dem Boden eyn schwere geschmeltzte Matery funden, unnd das also besichtigett, do ist es gut Silber gewesen, also hatt er fürder immerdar an demselbigten Ordt Kollen gebrantt, unnd wider mit derselbigen Erden unnd Grundt bedeckt, unnd da aber Silber funden wie zuvor, darbey er hatt mercken können, das es des Bergs unnd des Grunts Schuldt sey, unnd hat solches in einer Geheim bey jm behalten, unnd damit von Tag zu Tag an demselbigen Ordt Kollen gebrandt unnd ein grossen Schatz Silbers darmit zusammen bracht.
> Nun hatt es sich in solcher Zeit begeben das ein Künig vertriben wardt vom Reich, unnd flohe auf den Berg in Breisgaw genant der Keyserstull, mit Weib unnd mit Kindern, unnd allem sein Gesind, unnd leid dar gar viell Armutt mit den Seinen. Nun lies er darnach ausrufen, wer der were der jm Hülff wolt thun, darmit er wieder zum Reich möcht kommen, dem wolt er ein Tochter geben, unnd jn zu einem Hertzogen machen.
> Da nu das der vorgenant Köler vernam, do fügte es sich, das er mit etlicher Bürde Silbers zu dem Künig sich fügte, unnd an jm begeret, das er sein Sonn wolt werden, unnd das er jm sein Dochter wolt geben, unnd darzu das Landt unnd die Gegend, do dan itzt Zeringen das Schloss unnd die Stadt Freyburg steht, so wolt er jm ein solchen Schatz von Silber geben unnd über- lieffern, darmit er woll das Reich wider gewinnen kund.
> Do nun der Künig solches verstund, verwilliget er darein unnd thett, wie er versprochen hatt, unnd gab dem Koler, den er zum Son annam, die Dochter zu der Ehe, unnd die Gegend des Landts darzu, wie er das begeret hatt.
> Da hub der Son an, unnd lies das Ertz schmeltzen, unnd überkam gros Gut damit, unnd bauet Zeringen unnd das Schlos, do macht jn der Römische Künig zu einem Hertzogen zu Zeringen; danach bawet er die Statt Freyburg in Breisgaw, unnd andere umbliegende Stett unnd Schlösser mer.
> Unnd da er nun also mechtig wardt, unnd an Gutt, Ehre unnd Gewalt zunam, do hub er an unnd wardt zu einem grossen Tyrannen, unnd gebott seinem eigen Koch, das er jm solt einen jungen Knaben bratten unnd zurüsten, dan er wolt versuchen wie gut das Menschen Fleisch zu essen were. Welches jme der Koch vollbracht nach des Herrn Bevelch und Willen, unnd da der Knab gebraten war, unnd man jn zu Tisch bracht dem Herren, und er jn sach vor jm stehen, so fiel ein solcher grosser Schreck unnd Furcht in den Herren, das er darumb grosse Reu und Leidt umb die Sünde die er vollbracht hatt, überkam, unnd lies für solche Sünde zwey Clööster bawen mit Namen daas ein zu St. Ruprecht unnd das ander zu St. Petter auf dem Schwartz- wald, darmit das jm Gott der Herr die groß Tyranney und Sünd die er begangen hatt, verzeihen und vergeben sollt, und Barm- hertzigkeit erzeigen, darmit er nicht Pein leiden müst.

Aufgaben
a) Übertrage den Text in modernes Deutsch!
b) Was war der Grund dafür, dass ein einfacher Köhler Herzog wurde?
c) Welche wirklichen technischen Vorgänge stecken hinter dem Fund des Silbers?
d) Warum standen die Köhler und Bergleute außerhalb der Gesellschaft?
e) Warum nimmt die Sage am Schluss solch schreckliche Wendung?

M 8.6 Bergrechte eines Fürsten (1286)

Graf Egeno von Freiburg schrieb an Herzog Friedrich von Lothringen, den künftigen Schwiegervater seines Sohnes (1286):

> An meinen hoch geehrten Verwandten Herrn Friedrich, Herzog von Lothringen und Markgraf!
> Mit diesem Schreiben teile ich Eurer Durchlaucht mit, wie ich nach altem Brauch Konzessionen für den Abbau von Silbererz in meinen Bergwerken zu erteilen pflege. Je nach Ergiebigkeit des Bergwerks steht mir der 16., der 20. oder 30. Teil allen gewonnenen Silbererzes zu, und für jede Konzession. die ich erteile, werden 20 Goldmünzen fällig, von denen ich zwölf und der Rektor des Freiburger Münsters acht erhalten. Außerdem garantiere ich den Gewerken und Bergleuten das Wegerecht, so dass sie ungehinderten Zugang zu den Bergwerken haben und alle nötigen Transporte auf diesen Wegen durchführen können.

Worterklärung
Durchlaucht: Ehrentitel eines Fürsten (= Erleuchteter)

Aufgabe
a) Erkundige dich, was eine Konzession ist!
b) Rechne die Anteile in Prozente um!

MATERIALIEN

M 8.7 Eine Münzprägerei und eine Münze

Aufgaben
a) Beschreibe die Herstellung einer Münze!
b) Warum wurde nur eine Seite geprägt?
c) Warum musste der Münzmeister genau Buch führen?
d) Warum ist die Münze nicht rund?

M 8.8 Ein Reichsgesetz über das Münzrecht (1231)

> Recht häufig wurde vor dem hochehrwürdigen Römischen Kaiser durch Rechtsspruch festgestellt, daß in den Städten und den anderen Orten, wo es üblicherweise eine eigene und rechtmäßige Münze gibt, niemand irgendwelchen Markt abhalten soll mit Silber, sondern nur mit den Pfennigen von deren eigener Münze.
> Das Umtauschen, das man gemeinhin „Wechseln" nennt, soll weder der Händler noch sonst einer der Kaufleute vornehmen, sondern nur der Münzer selbst oder derjenige, dem der Münzherr es aus besonderer Gnade gestattet.
> Außerdem sollen sich die Pfennige einer Münze durch so deutliche Kennzeichen und die Unterschiedlichkeit der Bilder von den Pfennigen einer anderen Münze unterscheiden, daß man sofort auf den ersten Blick und ohne irgendwelche Schwierigkeiten deren Bedeutung und Wertunterschied untereinander feststellen kann.
> Ferner: wenn jemand mit falschen Pfennigen ertappt wird, soll er die Strafe für Münzfälscher erleiden; und es soll ihm nichts nützen, wenn er sagt, er habe sie auf einem öffentlichen und allgemeinen Markt erhalten, es sei denn die Summe ist so klein, daß sie neun Pfennig nicht übersteigt. Wenn dieser auch ein drittes Mal mit der genannten Summe oder mehr ertappt wird, darf er als Münzfälscher ohne die zuvor genannte Ausnahme oder Entschuldigung abgeurteilt werden. So wie dies als gerecht und richtig festgestellt wurde, soll es daher, so befehlen Wir, bei Unserer Huld unverletzlich bewahrt werden an allen Orten, an denen die Münze eines Fürsten benutzt und hergestellt wird.

Worterklärung
Pfennig: Silbermünze

Aufgabe
Welche Bestimmung gilt fast unverändert auch heute noch?

MATERIALIEN

M 9.1 Investitur Bischof Adalberts

M 9.2 Dictatus Papae

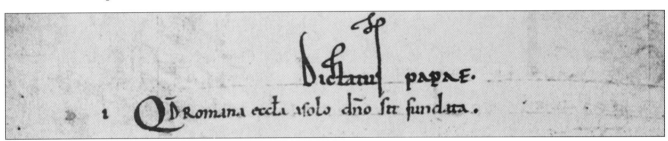

1. Die Römische Kirche ist von Gott begründet worden.
2. Der Römische Bischof allein darf Papst genannt werden.
3. Nur der Papst kann Bischöfe absetzen oder wieder in die Gemeinschaft der Kirche aufnehmen.
6. Mit denen, die der Papst in den Bann getan hat, darf man nicht im selben Hause weilen.
7. Er allein darf, wenn es die Zeit erfordert, neue Gesetze geben, neue Gemeinden bilden, aus einem Chorherrenstift eine Abtei machen und andererseits ein reiches Bistum teilen und arme Bistümer zusammenlegen.
8. Er allein darf die kaiserlichen Insignien verleihen.
9. Des Papstes Füße allein haben alle Fürsten zu küssen.
12. Dem Papst ist es erlaubt, Kaiser abzusetzen.
14. Er kann einen Geistlichen von jeder Kirche senden, wohin er will.
17. Kein Rechtssatz und kein Buch dürfen ohne seine Ermächtigung als kanonisch gelten.
18. Sein Ausspruch darf von keinem in Frage gestellt werden; er selbst darf allein die Urteile aller verwerfen.
19. Er selbst darf von niemandem gerichtet werden
21. Alle wichtigeren Angelegenheiten einer jeden Kirche sollen dem Apostolischen Stuhl übertragen werden.
22. Die Römische Kirche hat sich nie geirrt und wird nach dem Zeugnis der Schrift nie in Irrtum verfallen.
25. Der Papst vermag ohne Mitwirkung einer Synode Bischöfe abzusetzen und Gebannte wieder in die Gemeinschaft der Kirche aufzunehmen
26. Niemand soll als Katholik gelten, der nicht mit der katholischen Kirche übereinstimmt.
27. Der Papst vermag Untertanen von ihrer Treueverpflichtung gegen Ungerechte zu entbinden.

Worterklärungen
kanonisch: nach dem Kirchenrecht   Synode: Kirchenversammlung   Dictatus: Diktat, Rechtssätze, Gesetz
katholische Kirche: Papstkirche   Investitur: Amtseinsetzung eines Bischofs

Aufgaben
a) Welches Amtszeichen übergab der Kaiser Bischof Adalbert?
b) Übersetze den lateinischen Text! Um welchen Satz handelt es sich?
c) Wie weit erstreckte sich der Machtanspruch des Papstes und inwieweit lässt sich der Text als Diktat im politischen Sinne bezeichnen?

MATERIALIEN

M 9.3 König Heinrichs Zug über die Alpen
Lampert von Hersfeld erzählte in seinen Annalen:

> Die Nähe des Jahrestages, an dem der König in den Bann getan worden war, duldete keine Verzögerung der Reise; denn er kannte ja den gemeinsamen Beschluß der Fürsten, daß er, wenn er bis zu diesem Tage nicht vom Bann losgesprochen war, verurteilt werde und den Thron ohne jede Möglichkeit einer künftigen Wiedereinsetzung verloren habe.
>
> Daher mietete er um Lohn einige ortskundige, mit den schroffen Alpengipfeln vertraute Eingeborene, die vor seinem Gefolge über das steile Gebirge und die Schneemassen hergehen und den Nachfolgenden auf jede mögliche Weise die Unebenheiten des Weges glätten sollten.
>
> Als sie unter deren Führung mit größter Schwierigkeit bis auf die Scheitelhöhe des Berges vorgedrungen waren, da gab es keine Möglichkeit weiterzukommen, denn der schroffe Abhang des Berges war, wie gesagt, durch die eisige Kälte so glatt geworden, daß ein Abstieg hier völlig unmöglich schien. Da versuchten die Männer, alle Gefahren durch ihre Körperkraft zu überwinden: sie krochen bald auf Händen und Füßen vorwärts, bald stützten sie sich auf die Schultern ihrer Führer, manchmal auch, wenn ihr Fuß auf dem glatten Boden ausglitt, fielen sie hin und rutschten ein ganzes Stück hinunter.
>
> Schließlich aber langten sie doch unter großer Lebensgefahr in der Ebene an. Die Königin und die andren Frauen ihres Gefolges setzte man auf Rinderhäute, und die dem Zug voraus gehenden Führer zogen sie darauf hinab. Die Pferde ließen sie teils mit Hilfe gewisser Vorrichtungen hinunter, teils schleiften sie sie mit zusammen gebundenen Beinen hinab. Von diesen aber krepierten viele beim Hinunterschleifen, viele wurden schwer verletzt, und nur ganz wenige konnten heil und unverletzt der Gefahr entrinnen.

Worterklärungen
Annalen: Aufzeichnungen in Form von Jahresberichten
Bann: Ächtung durch den Papst

M 9.4 Wege über die Alpen

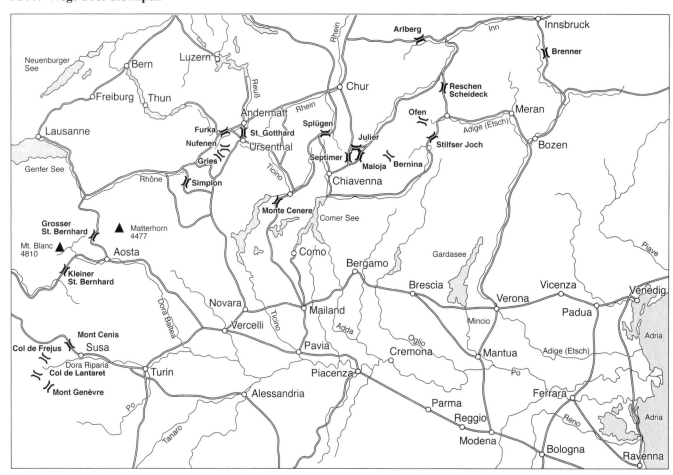

Aufgaben
a) Warum nahmen der König und seine Begleiter solche Strapazen auf sich?
b) Welche Pässe wurden im Mittelalter benutzt? Nimm einen Atlas zu Hilfe!
c) Vergleiche mit den heutigen Möglichkeiten, die Alpen zu überqueren!

MATERIALIEN

M 9.5 Aus einem Schreiben Papst Gregors VII. an die deutschen Fürsten (1077)

Da Ihr aus Liebe zur Gerechtigkeit gemeinsam mit uns im Kampf der Streiter Christi Last und Gefahr auf Euch genommen habt, möchten wir Euch Lieben in ungeschminkter Wahrheit mitteilen, wie der König, zur Buße sich demütigend, die Gnade der Lossprechung erlangte und wie die ganze Angelegenheit nach seinem Eintritt in Italien bis heute weitergeführt worden ist. Wie es ausgemacht war mit den Gesandten, die Ihr zu uns schicktet, kamen wir etwa 20 Tage vor dem von Euch gesetzten Termin in die Lombardei ...

Inzwischen erhielten wir sichere Nachricht, der König nahe. Auch sandte er, bevor er Italien betreten hatte, untertänig Boten zu uns voraus und bot an, Gott, dem heiligen Petrus und uns in allem Abbitte zu leisten, und versprach, zur Besserung seines Lebens völligen Gehorsam zu wahren, sofern er nur Lossprechung und die Gnade des apostolischen Segens zu erlangen verdiene. Da wir dies unter vielfältigen Überlegungen lange hinausschoben und ihn durch all die Boten, die hin und her wechselten, heftig wegen seiner Ausschreitungen zurückwiesen, gab er schließlich durch sich selbst keinerlei Feindschaft oder Unbesonnenheit zu erkennen und kam in geringer Begleitung nach Canossa, wo wir uns aufhielten.

Dort harrte er während dreier Tage vor dem Tor der Burg ohne jedes königliche Gepränge auf Mitleid erregende Weise aus, nämlich unbeschuht und in wollener Kleidung, und ließ nicht eher ab, unter zahlreichen Tränen Hilfe und Trost des apostolischen Erbarmens zu erflehen, als bis er alle, die dort anwesend waren und zu denen diese Kunde gelangte, zu solcher Barmherzigkeit und solchem barmherzigen Mitleid bewog, daß sich alle unter vielen Bitten und Tränen für ihn verwandten und sich fürwahr über die ungewohnte Härte unserer Gesinnung wunderten; einige aber klagten, in uns sei nicht die Festigkeit apostolischer Strenge, sondern gewissermaßen die Grausamkeit tyrannischer Wildheit.

Schließlich wurden wir durch seine ständige Zerknirschung und solches Bitten aller Anwesenden besiegt, lösten endlich die Fesseln des Kirchenbannes und nahmen ihn wieder in die Gnade der Gemeinschaft und den Schoß der heiligen Mutter Kirche auf, nachdem wir von ihm die geforderten Sicherheiten erhalten hatten.

Auch erhielten wir deren Bestätigung durch die Hände des Abtes von Cluny und unserer geistlichen Töchter Mathilde und Gräfin Adelheid sowie anderer Fürsten, Bischöfe und Laien, die uns dazu von Nutzen schienen.

M 9.6 Eine Miniatur

Aufgaben
a) Welche Personen sind dargestellt?
b) Um welche Begebenheit handelt es sich auf dem Bild?
c) Welche Rolle spielten der Abt von Cluny, Mathilde und Adelheid?

MATERIALIEN

M 10.1 Die Gründung einer Stadt
Aus einer Urkunde des Fürsten Konrad von Zähringen von 1120:

> Kundgetan sei allen den zukünftig und den gegenwärtig Lebenden, daß ich, Konrad, an dem Ort, der mein Eigengut ist, nämlich Freiburg, einen Markt gegründet habe im Jahre des Herrn 1120. Nachdem also von überall her angesehene (oder: freie) Kaufleute zusammengerufen worden sind, habe ich ... verfügt, diesen Markt einzurichten und auszubauen.
> Darauf habe ich einem jeden Kaufmann ein Grundstück zugeteilt, damit sie sich Häuser errichten können. Ich habe festgesetzt, daß von jedem Grundstück ein Solidus mir und meinen Nachkommen jährlich als Zins gezahlt werden soll, am Fest des hl. Martin.
> Nun also sei allen kundgetan, daß ich ihnen die ... folgenden Rechte eingeräumt habe:
> Allen, die meinen Markt besuchen, verspreche ich Frieden und sicheres Geleit innerhalb meines Besitzes und Herrschaftsbereichs. Wenn einer von ihnen in diesem Gebiet beraubt werden sollte, so will ich – sofern er den Räuber nennt – die Rückerstattung des geraubten Gutes veranlassen oder selbst dafür zahlen.
> Wenn einer meiner Bürger stirbt, so soll seine Frau mit ihren Kindern alles besitzen und ohne jegliche Einschränkung behalten, was auch immer ihr Mann hinterlassen hat.
> Ich setze fest, daß alle, die Besitz am Markt haben, teilhaben sollen an den Vergünstigungen meiner Dienstleute, nämlich daß sie ohne Strafe Weideland, Gewässer, Gehölze und Wälder nutzen dürfen.
> Allen Kaufleuten erlasse ich den Zoll. Niemals werde ich eine Steuer noch irgendeine andere finanzielle Hilfe von ihnen fordern, es sei denn, ich begäbe mich auf den Romzug.
> Niemals werde ich meinen Bürgern einen Vogt, niemals ihnen einen Priester vorsetzen. Wen auch immer sie zu diesem Amt gewählt haben, den sollen sie mit meiner Bestätigung haben. Außerdem verspreche ich, niemals gegen ihren Willen ihren Ort zu betreten, um dort Quartier zu nehmen, vielmehr auch andere daran zu hindern, ihnen durch Einquartierung zur Last zu fallen.
> Wenn sich unter meinen Bürgern Uneinigkeit oder eine Streitfrage erheben sollten, so ist nicht nach meinem Ermessen oder dem ihres Vorstandes zu entscheiden, sondern ich beschließe, daß nach dem gebräuchlichen und anerkannten Recht aller Kaufleute geurteilt werden soll.
> Wenn jemand vom Mangel am Allernötigsten bedrückt wird, so mag er seinen Besitz verkaufen, wem er will. Der Käufer aber zahle für die Hofstätte den festgesetzten Zins.

Worterklärungen
Solidus: eine große Münze
Romzug: Verpflichtung, mit dem Kaiser nach Rom zu ziehen
Vogt: Vertreter des Stadtherrn in der Stadt

Aufgaben:
a) Welches Interesse hatte Konrad, eine Stadt und einen Markt zu gründen?
b) Warum waren Kaufleute außerhalb der Stadt besonders schutzbedürftig?
c) Mit welchen Vorteilen lockte Graf Konrad Einwohner in die neue Stadt?

M 10.2 Nürnberg, Burg und Stadt (Folie in Farbe)

Aufgaben
a) Wo wohnte der Stadtherr?
b) Womit schützten sich Städte im Mittelalter?
c) Was waren die empfindlichen Stellen einer Stadtbefestigung und wodurch wurden sie gesichert?
d) Eine doppelte Stadtmauer war sehr selten. Was bezweckten die Nürnberger mit ihrem Bau?
e) Woran ist der Reichtum Nürnbergs zu erkennen?

MATERIALIEN

M 10.3 Über Vergehen und Strafen
Rechtsprechung in der Stadt Stuttgart (1490):

1. Wenn einer, der männlichen Geschlechts und im Laienstande ist, das Erwachsenenalter erreicht hat und bei Verstand ist, einen anderen ernsthaft der Lüge bezichtigt, gibt er als Strafe drei Pfund Heller.
2. Wenn einer einen anderen mit Knüppelhieben schlägt und aus diesen Schlägen kein größerer Schaden resultiert als Lähmung, Beinbruch und dergleichen, muß dieser ebenfalls drei Pfund Heller als Strafe geben. Geht aber ein härterer Schaden aus dergleichen hervor, so ist die Höhe der Strafe dem Ermessen des Richters überlassen.
3. Wer mit wehrhafter Hand Messer, Degen, Schwert und anderes zückt, mit dem man sich wehren kann, in der Absicht, einen anderen zu verletzen, der gibt als Strafe drei Pfund Heller.
4. Ammannen, Richter, Pfleger und dergleichen ehrenwerte Personen sind für gewöhnlich wegen ihrer Ehrenstellung und wegen des Vollzugs der Gerechtigkeit in hohem Maße dem Neid und Haß ausgesetzt. Wenn jemand nun einen solchen ehrenwerten Mann aus unbegründetem, boshaftem Neid oder Haß ohne Ursachen schlägt, auch wenn er ihn nicht schwer oder blutig schlägt, soll dennoch zur Aufrechterhaltung der Ehrbarkeit, Obrigkeit und Gerechtigkeit nicht nur mit einer schweren und großen Strafe, sondern auch mit dem Turm und der Ortsvertreibung bestraft werden.
5. Wer einen anderen in frevelhafter Form blutig schlägt, der gibt als Buße dreizehn Pfund Heller. Wenn einer einen anderen aber besonders übel und hart verwundet, dann wird er entsprechend dem Ausmaß der Tat zu einer höheren Strafe verurteilt.
7. Wenn jemand mit wohl bedachter Absicht einen gelobten und beschworenen Frieden bricht, ... wird er entweder ehrlos oder es werden ihm seine Hände abgeschlagen.
9. Wer Markierungspfähle oder Grenzsteine, durch die die Güter voneinander getrennt werden, eigenmächtig, arglistig oder mutwillig verändert, ausreißt oder ausgräbt, der hat seine Ehre verwirkt und wird der Gnade und Strafe des Stadtherrn überantwortet.
10. Wenn den Frauen Böses angetan wird, beträgt die Strafe ein Pfund und fünf Schillinge Heller.
11. Doch wenn eine Frau ihrerseits verwerflich oder ehrlos handeln sollte, soll ihr entsprechend dem Ausmaß und der Größe ihres Vergehens eine Strafe auferlegt werden; denn da bisweilen eine Stute ebenso übel ausschlägt wie ein Hengst und bisweilen noch schlimmer als dieser, kann man die Missetaten der Frauen nicht ungestraft hinnehmen.
14. In allen oben beschriebenen und anderen Gerichtsverfahren soll der Richter auf die Klage antworten und alles, was ihm rechtmäßig vorgetragen wird, wahrhaft in seinem Urteilsspruch berücksichtigen, damit er keinen unbillig und ungerecht belastet; und von diesem Punkt hängt sehr viel ab.

Worterklärungen
Heller: kleine Silbermünze aus Schwäbisch-Hall (entsprechend dem Pfennig)
Pfund/Schillinge/Heller: 1 Pfund = 20 Schillinge; 1 Schilling = 12 Heller; 1 Pfund = 240 Heller
Ammann: fürstlicher Verwalter, Amtmann
Pfleger: Verwalter z. B. eines Hospitals
Turm: Gefängnis in einem Stadtturm

M 10.4 Eine Sage

Der Grenzsteinverrücker
Wenn man früher um Mitternacht über ein Feld bei Jägersburg kam, so hörte man plötzlich neben sich einen Mann gehen. Der keuchte und stöhnte, und wer näher zusah, mußte gewahren, daß er einen ziemlich großen Bann- oder Grenzstein vor sich hertrug. Zu der Furcht, die man anfangs vor dem unheimlichen Mann hatte, gesellte sich bald das Mitleid, wenn man aus seinem Munde die klagenden und bittenden Worte hörte: „Wo soll ich ihn denn hinlegen? Wo soll ich ihn denn hinlegen?" Lange Jahre mußte der Unglückliche allnächtlich seine grausige Wanderung machen, immer unter der schweren Last des Steines seufzend und seine klagende Frage wiederholend. Da kam einmal ein beherzter Bursche vorüber, der sich vor keinem Gespenst und keiner Hexe fürchtete. Als der das keuchende Männlein sah und seine Fragen vernahm, gab er ihm keck die Antwort: „Trag ihn dorthin, wo du ihn geholt hast!" Das war das erlösende Wort für den Armen. Er setzte den Stein an die alte Stelle, von der er ihn bei Lebzeiten in der Nacht weggerückt hatte, um seinen Acker zum Schaden des Nachbarn zu vergrößern. Nun hatte er Ruhe und ward fortan nicht mehr gesehen und gehört.

Aufgaben
a) Warum wurden die Hände abgeschlagen?
b) Welche Vergehen urteilte das städtische Gericht ab, welche der Stadtherr?
c) Was war mit „Ermessen" bei einem Urteil gemeint?
d) Wer wurde von einem städtischen Gericht abgeurteilt, wer nicht? (Punkt 1)
e) Welche Bedeutung besaßen Grenzsteine, wenn eine solche Sage erzählt wurde?

MATERIALIEN

M 10.5 Zünfte in Esslingen (1331)

Den ehrbaren weisen Leuten, dem Bürgermeister und dem Rat zu Reutlingen wollen wir hiermit wissen lassen, welche Zünfte vorhanden sind und wie es um diese bestellt ist.
Die Faßbinder (Küfer) haben eine Zunft, zu der gehören die Zimmerleute.
Beide Schuhmacher haben auch eine Zunft, sowohl die, die neue Schuhe machen, als auch die Flickschuster; hierzu gehören auch die Schwertfeger.
Danach die Tucher, Wollweber, Schneider und Hutmacher, die haben auch eine Zunft.
Die Schmiede und die Wagner haben auch eine Zunft.
Auch die Flickschneider haben eine Zunft zusammen mit denen, die Wämser, Decken und andere Dinge im Rahmen wirken, und mit denen, die Leinwand feilbieten.
Auch die Metzger, Fleischer, Bader und Aderlasser haben eine Zunft.
Ferner haben auch die Krämer und die öffentlichen Gewandschneider, die keine Bürger sind, eine Zunft, zusammen mit den Sattlern, Weißgerbern und allen Unterkäufern welscher Güter.
Ferner haben alle, die das Erdreich mit der Hand bestellen, eine Zunft, es seien Weingärtner, Mäher, Scherer, Gärtner, Ackersleute, Lehmarbeiter, Ziegelmacher, Töpfer und wie sie sonst noch heißen mögen, ob sie für Tagelohn arbeiten oder nicht.
Die Ledergerber und Pergamentmacher haben auch eine Zunft.
Die Brotbäcker, Müller und alle Kornmesser haben auch eine Zunft.
Die Weinverkäufer und die kleinen Weinhändler und die Steinhauer haben auch eine Zunft, aber die Eicher und Weinzieher sind in keiner Zunft, und diese müssen bei allen Feuersbrünsten und Bränden mit ihren Eimern und Kübeln hinzu laufen, um dort bei ihrem Eide nach bestem Vermögen ohne Arglist zu löschen.
Ferner haben die Fuhrleute, Kleinkrämer und Trödler eine Zunft.
Die (Kürsch-)Näher, ob sie Felle von wilden oder zahmen Tieren verarbeiten, haben allesamt auch eine Zunft.

Worterklärungen
Zunft: städtischer Handwerksverband, Berufsgenossenschaft von Handwerkern
Unterkäufer welscher Güter: Zwischenhändler für Güter aus dem Mittelmeerraum

Aufgaben
a) Welche Berufe gibt es noch heute?
b) Welche Berufe tauchen als Familiennamen auf?
c) Erkläre die heute unbekannten Berufe!
d) Ordne die Esslinger Berufe den folgenden Bedürfnissen zu:

Hausbau

Kleidung

Ernährung

Haushalt

Bewaffnung

Sonstiges

MATERIALIEN

M 10.6 Auf einem Markt

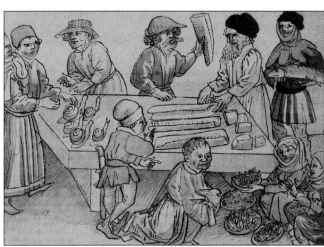

M 10.7 Aus der Straßburger Stadtordnung (um 1130)

> 47. Es gehört zum Recht des Burggrafen, bestimmte Zölle einzunehmen, wie etwa den Zoll für die Schwerter, die in geschlossener Scheide zum Verkauf auf den Markt gebracht werden. Den Zoll für die anderen Waren, die in den Schiffen von Köln oder anderswoher herangebracht werden, soll der Zolleinnehmer erhalten.
> 48. Ferner soll der Burggraf den Zoll für Öl, Nüsse und Äpfel erhalten, woher auch immer diese stammen, sofern sie für bares Geld verkauft werden. Wenn sie aber für Salz, Wein, Getreide oder für irgendeinen anderen Gegenwert verkauft werden, muß der Burggraf den Zoll mit dem Zolleinnehmer teilen.
> 50. Wenn jemand seine Waren von einem Schiff auf ein anderes umlädt, muß er für jedes Schiff vier Pfennige geben.
> 51. Wenn ein Händler in dieser Stadt mit seinen Tragtieren auf Durchreise ist, nichts verkauft und nichts einkauft, dann braucht er keinen Zoll zu zahlen.
> 53. Wer für weniger als fünf Schillinge ein- oder verkauft, braucht keinen Zoll zu zahlen.
> 54. Für Handel im Wert von fünf Schillingen ist ein Pfennig, für ein Pfund sind vier Pfennige, für ein Pferd und ein Maultier sind jeweils vier Pfennige, für einen Esel ist ein Pfennig Zoll zu zahlen.
> 55. Den Zoll für Kohle und Hanf soll der Zolleinnehmer nicht einbehalten, sondern den erhält der Stadtherr, so wie er auch den Weinbann erhält.
> 56. Es gehört zu dem Amt des Zolleinnehmers, alle Maße, klein oder groß, alle Salz-, Wein-, Öl- und Getreidemaße, die vom Schankmeister geschaffen wurden, mit einem glühenden Eisen zu prägen.

Worterklärungen
Weinbann: Abgabe auf den Verkauf von Wein   Burggraf: örtlicher Verwalter / Vertreter des Stadtherrn

Aufgaben
a) Welche Waren lassen sich auf den Marktständen feststellen?
b) Welche Zölle wurden erhoben und wem standen sie zu?
c) In welchem Abschnitt ist vom Tauschhandel die Rede?

MATERIALIEN

M 10.8 Stadtregierung von Köln

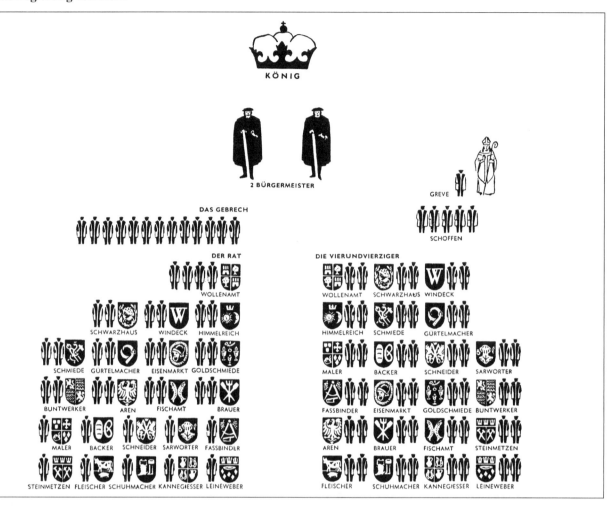

Der Rat bildete die oberste Verwaltungsbehörde der Stadt.
Die 49 Ratsherrn, aus deren Wahl die beiden Bürgermeister hervorgingen, sind auf der linken Bildhälfte dargestellt. 36 von ihnen wurden unmittelbar von den Gaffeln gewählt; die Wollenweber als die stärkste Gaffel stellten 4, die anderen Gaffeln 2 bzw. 1 Ratsherrn; die restlichen 13, das sogenannte „Gebrech", wählte der Rat aus beliebigen Gaffeln hinzu.
Bei wichtigen Beschlüssen mußte der Rat zwei weitere Abgeordnete aus jeder Gaffel, die sogenannten „Vierundvierziger" ($22 \times 2 = 44$), hinzuziehen. Diese Vierundvierziger erscheinen auf der rechten Bildhälfte.
Der Erzbischof konnte von seinen einstigen Hoheitsrechten im wesentlichen nur den „Blutbann" behaupten, das Recht, über Leben und Tod der Kölner Bürger zu Gericht zu sitzen.
Er ernannte den Vorsitzenden des Hochgerichts, Greve oder Burggraf, und die Beisitzer, die Schöffen.
Als freie Reichsstadt erkannte Köln nur mehr den König bzw. Kaiser als Oberherrn an.

Worterklärungen
Gebrech: Gebrechen, Mangel; hier der Teil der Ratsmitglieder, der an der Vollzahl fehlt
Buntwerker: Buntwirker, die Kleidung mit eingewirkten Gold- oder Silberfäden herstellen
Sarworter: Rüstungshersteller
Gaffel, Amt: Zunft
Schwarzhaus, Windeck, Himmelreich, Aren: Namen von Zunfthäusern (nach ihren Hausschildern)

Aufgaben
a) Das Wort „Patrizier" ist von lat. patres = Väter abgeleitet; man kann es mit „Stadtväter" übersetzen. Wofür wird dieser Ausdruck heute noch gelegentlich verwendet?
b) Die meisten der Zunftwappen sind „sprechende" Wappen. Erkläre die Darstellungen!
c) Wo finden sich heute noch Hausschilder mit „sprechenden" Symbolen?
d) Es gab in Köln viel mehr Berufe als die in den Namen der Zünfte vorkommenden. Was wurde dadurch, dass alle, auch die Fernkaufleute, sich einer Zunft anschließen mussten, erreicht?

G Quellenverzeichnis

M 1.1 Kaiser Mark Aurel (161-180 n. Chr.) – die Tetrarchen (um 300 n. Chr.)
Mark Aurel: *Willy Zschietzschmann*, Römische Kunst. Monumente alter Kulturen. Umschau Verlag, Frankfurt/Main 1968, S. 128; Tetrarchen: *Wolfgang Fritz Volbach*, Frühchristliche Kunst. Die Kunst der Spätantike in West- und Ostrom. Hirmer Verlag, München 1958, Taf. 25

M 1.2 Das spätantike Imperium Romanum und die Nachbarvölker (um 400)
Elisabeth Erdmann, Unterricht Geschichte. Themen, Materialien, Medien, Reihe A, Bd. 4: Rom. Aulis Verlag Deubner & Co KG, Köln 2000, S. 52, M 1.1; verändert durch den Verf.

M 1.3 Aus dem Bericht des Tacitus über die Germanen (98 n. Chr.)
Tacitus, Germania. Lateinisch und deutsch. Nach *Arno Mauersberger*. Dieterich'sche Verlagsbuchhandlung, Mainz; unter didaktischen Gesichtspunkten verändert durch den Verf.

M 1.4 Kaiser Mark Aurels Sieg über die Markomannen
Willy Zschietzschmann, Römische Kunst. Monumente alter Kulturen. Umschau Verlag, Frankfurt am Main 1968, S. 131

M 1.5 Stilicho als römischer Oberbefehlshaber (401 n. Chr.)
Wolfgang Fritz Volbach, Frühchristliche Kunst. Die Kunst der Spätantike in West- und Ostrom, Hirmer Verlag, München 1958, Taf. 63

M 1.6 Chrocus in Gallien
Herwig Wolfram (Hrsg.) Quellen zur Geschichte des 7. und 8. Jahrhunderts: Die vier Bücher der Chroniken des so genannten Fredegar (Buch 2, Kap. 53 – Buch 4, unwesentlich gekürzt). Die Fortsetzung der Chroniken des so genannten Fredegar; Das Buch von der Geschichte der Franken (unwesentlich gekürzt). Das alte Leben Lebuins (Auswahl); Jonas' erstes Buch vom Leben Columbans. Lat. und Dt. Unter Leitung von Herwig Wolfram neu übertr. von Herbert Haupt und Andreas Kusternig. (FSGA, A, Bd. 4a.) 2. Auflage. Darmstadt, Wissenschaftliche Buchgesellschaft 1994, S. 66–67

M 1.7 Beute barbarischer Plünderzüge aus dem Rhein bei Neupotz (um 400)
Ernst Künzl/Susanna Künzl, Ein Schatz aus dem Rhein: der große Kiesbaggerfund von Neupotz, Verein-Terra-Sigillata Museum Rheinzabern e.V., Rheinzabern 1995, S. 3, S. 7 Abb. 6, S. 10

M 1.8 Childerich und ein fränkischer Krieger
Westfälisches Museum für Archäologie, Bielefeld (Grafik von K.-D. Braun)

M 1.9 Childerich-Grab und ein Siegelring aus dem Grab (ca. 480)
Die Franken, Wegbereiter Europas. Vor 1500 Jahren: König Chlodwig und seine Erben, Reiss-Museum Mannheim und Verlag Philipp von Zabern, Mainz 1996, Bd. 1, S. 173: Abb. 118 (nach Jean Jaques Chiflet 1655, 96: Siegelring), Bd. 2, S. 880: Abb. 1a (Monika Lange, Heidelberg: Hügelschnitt)

M 2.1 Ein Altarbild aus Reims (17. Jahrhundert)
Die Franken, Wegbereiter Europas. Vor 1500 Jahren: König Chlodwig und seine Erben. Reiss-Museum Mannheim und Verlag Philipp von Zabern, Mainz 1996, Bd. 1, S. 195: Abb. 139. (Reiss-Engelhorn Museen Mannheim, Foto: Jean Christen)

M 2.2 König Chlodwigs Taufe (um 500)
Rudolf Buchner (Hrsg.) Gregor von Tours: Zehn Bücher Geschichten. (Fränkische Geschichte.) Lat. und Dt. Auf Grund der Übers. W. Giesebrechts neu bearb. Band 1: Buch 1–5. (FSGA, A, Bd. 2.) 8. Auflage. Darmstadt, Wissenschaftliche Buchgesellschaft 2000, S. 116–119, 134–135

M 2.3 Verehrung des hl. Martin durch König Chlodwig (507)
Rudolf Buchner (Hrsg.) Gregor von Tours: Zehn Bücher Geschichten. (Fränkische Geschichte.) Lat. und Dt. Auf Grund der Übers. W. Giesebrechts neu bearb. Band 1: Buch 1–5. (FSGA, A, Bd. 2.) 8. Auflage. Darmstadt, Wissenschaftliche Buchgesellschaft 2000, S. 116–119, 134–135

M 2.4 Die Teilung des Mantels
Arnold Angenendt, Das Frühmittelalter. Die abendländische Christenheit von 400 bis 900. Verlag W. Kohlhammer, Stuttgart/Berlin/Köln 1990, S. 189 Abb. 29

M 2.5 Martinslegenden
Ulrich Müller/Werner Wunderlich, Herrscher, Helden, Heilige. Mittelaltermythen 1. UVK – Fachverlag für Wissenschaft und Studium GmbH, St. Gallen [2]2001, S. 579-588; Der Drache mit den sieben Köpfen. Geschichten zu Michaeli, Sankt Martin und Nikolaus. Verlag Urachhaus, Stuttgart [3]1995, S. 209-214

M 2.6 Richtlinien für die Bekehrten
Reinhold Rau (Hrsg.), Briefe des Bonifatius; Willibalds Leben des Bonifatius – nebst einigen zeitgenössischen Dokumenten. Lat. und Dt. Unter Benutzung der Übers. von M. Tangl und Ph. H. Külb neu bearb. (FSGA, A, Bd. 4b.) 3. Auflage. Darmstadt, Wissenschaftliche Buchgesellschaft 1994, S. 99–101, 495–497

M 2.7 Die Donarseiche bei den Hessen (um 730)
Reinhold Rau (Hrsg.), Briefe des Bonifatius; Willibalds Leben des Bonifatius – nebst einigen zeitgenössischen Dokumenten. Lat. und Dt. Unter Benutzung der Übers. von M. Tangl und Ph. H. Külb neu bearb. (FSGA, A, Bd. 4b.) 3. Auflage. Darmstadt, Wissenschaftliche Buchgesellschaft 1994, S. 99–101, 495–497

M 2.8 Ein Bild aus dem Leben des Bonifatius
Handschrift 2 ° Cod. Ms. theol. 231 Cim. (Fuldaer Sakramentar). Niedersächsische Staats- und Universitätsbiliothek, Göttingen

M 3.1 Modell und Grundriss eines Klosters (um 830)
„Sankt Gallen, Klosterplan" in: Lexikon des Mittelalters. Band 7. Sp. 1155–1158. © 1999 J. B. Metzlersche Verlagsbuchhandlung und Carl Ernst Poeschel Verlag GmbH in Stuttgart

M 3.2 An der Klosterpforte
Die Benediktus-Regel lateinisch-deutsch, ed. *Basilius Steidle*. Beuroner Kunstverlag, Beuron [2]1975, S. 178-179

M 3.3 Abgaben für ein Kloster
Lorscher Codex deutsch. Hg. von *Karl Josef Minst*. Verlag Laurissa Lorsch 1971, Bd. 5, S. 253, Nr. 3672

M 3.4 Ein Tag in einem Benediktinerkloster
Zusammenstellung durch den Verf.

M 3.5 Die Mönchsgelübde
Die Benediktus-Regel lateinisch-deutsch, ed. *Basilius Steidle*. Beuroner Kunstverlag, Beuron [2]1975, S. 160-163

G Quellenverzeichnis

M 3.6 Drei Urkunden über Mönchsgelübde aus dem Kloster St. Gallen (9. Jahrhundert)
Paul M. Krieg, Das Professbuch der Abtei St. Gallen. Codices Liturgici 2. Dr. Benno Filser Verlag, Augsburg 1931, Faksimile S. XIII; *Bernhard Bischoff*, Paläographie des römischen Altertums und des abendländischen Mittelalters. Grundlagen der Germanistik. Erich Schmidt Verlag, Berlin ²1986, S. 153 Nr. 23

M 3.7 Schulunterricht (Der Schulmeister von Esslingen)
Heidelberger Handschrift Cod. Pal. Germ. 848 (Codex Manesse). Ruprecht-Karls-Universität, Heidelberg

M 3.8 König Konrads Besuch in der Klosterschule St. Gallen (911)
Hans F. Haefele (Hrsg.), Ekkehard IV: St. Galler Klostergeschichten. Lat. und Dt. (FSGA, A, Bd. 10) 4., gegenüber der 3. um einen Nachtrag erw. Auflage. Darmstadt, Wissenschaftliche Buchgesellschaft 2002, S. 40–43

M 3.9 Kaiser Karl lernt schreiben
Reinhold Rau (Hrsg.), Quellen zur karolingischen Reichsgeschichte. Lat. und Dt. 1. Teil: Die Reichsannalen. Einhard, Leben Karls des Großen. Zwei „Leben" Ludwigs. Nithard, Geschichten. (FSGA, A, Bd. 5.). Darmstadt, Wissenschaftliche Buchgesellschaft 1955, reprogr. Nachdr. 1993, S. 196–197

M 3.10 Schreiben auf Wachstafel und auf Pergament und Kaiser Karls Monogramm
a) Detail aus Bamberger Schreiberbild, Staatsbibliothek Bamberg, Msc. Patr. 5; b) © Dr. Ludwig Reichert Verlag Wiesbaden

M 3.11 Das Wachstafel-Alphabet
Bearbeitet vom Verf. auf der Grundlage von: *Bernhard Bischoff,* Paläographie des römischen Altertums und des abendländischen Mittelalters. Grundlagen der Germanistik. Erich Schmidt Verlag, Berlin ²1986, S. 79 Nr. 4

M 4.1 Über König Karl
Reinhold Rau (Hrsg.), Quellen zur karolingischen Reichsgeschichte. Lat. und Dt. 1. Teil: Die Reichsannalen. Einhard, Leben Karls des Großen. Zwei „Leben" Ludwigs. Nithard, Geschichten. (FSGA, A, Bd. 5.). Darmstadt, Wissenschaftliche Buchgesellschaft 1955, reprogr. Nachdr. 1993, S. 192–195

M 4.2 Reiterstatuette und Titulaturen Kaiser Karls
Louis Grodecki/Eva-Maria Wagner, Vorromanische Kunst und ihre Wurzeln. Monumente des Abendlandes. Umschau Verlag, Frankfurt am Main 2. Aufl. 1967, Abb. 95; die Titulaturen wurden vom Verfasser aus Urkunden und den sog. Reichsannalen zusammengestellt

M 4.3 Krieg gegen die Sachsen
Reinhold Rau (Hrsg.), Quellen zur karolingischen Reichsgeschichte. Lat. und Dt. 1. Teil: Die Reichsannalen. Einhard, Leben Karls des Großen. Zwei „Leben" Ludwigs. Nithard, Geschichten. (FSGA, A, Bd. 5.). Darmstadt, Wissenschaftliche Buchgesellschaft 1955, reprogr. Nachdr. 1993, S. 172–175

M 4.4 Zwei Berichte über die Bestrafung der Sachsen
Reinhold Rau (Hrsg.), Quellen zur karolingischen Reichsgeschichte. Lat. und Dt. 1. Teil: Die Reichsannalen. Einhard, Leben Karls des Großen. Zwei „Leben" Ludwigs. Nithard, Geschichten. (FSGA, A, Bd. 5.). Darmstadt, Wissenschaftliche Buchgesellschaft 1955, reprogr. Nachdr. 1993, S. 42–45, 174–177

M 4.5 Widukind – Herzog der Sachsen
© Bildarchiv Foto Marburg

M 4.6 Eine Niederlage in Spanien
Reinhold Rau (Hrsg.), Quellen zur karolingischen Reichsgeschichte. Lat. und Dt. 1. Teil: Die Reichsannalen. Einhard, Leben Karls des Großen. Zwei „Leben" Ludwigs. Nithard, Geschichten. (FSGA, A, Bd. 5.). Darmstadt, Wissenschaftliche Buchgesellschaft 1955, reprogr. Nachdr. 1993, S. 176–179

M 4.7 Rolandslied-Sage
„Roland" und „Rolandslied" in: Lexikon des Mittelalters. Band 7. Sp. 957–962. © 1999 J. B. Metzlersche Verlagsbuchhandlung und Carl Ernst Poeschel Verlag GmbH in Stuttgart

M 4.8 Stadtpatrone: die Rolande
DDR-Briefmarkensatz „Historische Denkmale: Rolandsäulen" (Ausgabe 7.11.1989); PHILEX-VERLAG GmbH, Fürth
Stadt im Wandel. Kunst und Kultur des Bürgertums in Norddeutschland 1150-1650. Katalog der Landesausstellung Niedersachsen 1985. Edition Cantz, Stuttgart-Bad Cannstatt 1985, Bd. 2, S. 1083-1084, Nr. 953

M 4.9 Das Frankenreich unter Karl dem Großen
Karl der Große. Werk und Wirkung. Zehnte Ausstellung unter den Auspizien des Europarates. Verlag L. Schwann: Düsseldorf, Aachen 1965, Karte nach S. 16

M 4.10 Gäste aus fernen Ländern
Reinhold Rau (Hrsg.), Quellen zur karolingischen Reichsgeschichte. Lat. und Dt. 3. Teil: Jahrbücher von Fulda. Regino, Chronik. Notker, Taten Karls. Unter Benutzung der Übers. von C. Rehdantz, E. Dümmler und W. Wattenbach neu bearb. (FSGA, A, Bd. 7.) 2., gegenüber der 1. um einen Nachtrag erw. Auflage. Darmstadt, Wissenschaftliche Buchgesellschaft 2002, S. 192–195

M 4.11 Karl in Aachen
Reinhold Rau (Hrsg.), Quellen zur karolingischen Reichsgeschichte. Lat. und Dt. 1. Teil: Die Reichsannalen. Einhard, Leben Karls des Großen. Zwei „Leben" Ludwigs. Nithard, Geschichten. (FSGA, A, Bd. 5.). Darmstadt, Wissenschaftliche Buchgesellschaft 1955, reprogr. Nachdr. 1993, S. 192–195

M 4.12 Die Residenz Aachen
Wolfgang Braunfels, Die Welt der Karolinger und ihre Kunst. Verlag Georg D. W. Callwey, München 1968, S. 238, Abb. 133

M 5.1 Thronender Ottonenkaiser (Folie in Farbe)
Bayerische Staatsbibliothek, München

M 5.2 Die Wahl Ottos I. in Aachen (936)
Widukind, Sachsengeschichte, ed. *Wilfried Hartmann*, Deutsche Geschichte in Quellen und Darstellung 1: Frühes und hohes Mittelalter, 750-1250. Philipp Reclam jun., Stuttgart 1995, S. 143-144

M 5.3 Die Krönung Ottos I. in Aachen (936)
Widukind, Sachsengeschichte, ed. *Wilfried Hartmann*, Deutsche Geschichte in Quellen und Darstellung 1: Frühes und hohes Mittelalter, 750-1250. Philipp Reclam jun., Stuttgart 1995, S. 144-145

M 5.4 Das Krönungsmahl Ottos I. in Aachen (936)
Widukind, Sachsengeschichte, ed. *Wilfried Hartmann*, Deutsche Geschichte in Quellen und Darstellung 1: Frühes und hohes Mittelalter, 750-1250. Philipp Reclam jun., Stuttgart 1995, S. 145-146

M 5.5 Die ostfränkisch-deutschen Reichsteile
Timothy Reuter, Germany in the Early Middle Ages, ca. 800-1056. Longman Group UK Ltd., London/New York 1991, S. 330 Karte 4

M 5.6 Ein Treffen der Könige von Westfranken und Ostfranken in Bonn (921)
Wilfried Hartmann, Deutsche Geschichte in Quellen und Darstellung 1: Frühes und hohes Mittelalter, 750-1250. Philipp Reclam jun., Stuttgart 1995, S. 136-138

Quellenverzeichnis G

M 5.7 Gallien und Germanien (978)
Otto der Große, Magdeburg und Europa. Katalog der 27. Ausstellung des Europarates und Landesausstellung Sachsen-Anhalt, hg. von *Matthias Puhle*. Verlag Philipp von Zabern, Mainz am Rhein 2001, Band 2, S. 450–451

M 5.8 Eine Sippe – zwei Länder: Ostfranken – Westfranken
Herzog August Bibliothek Wolfenbüttel, Cod. Guelf. 74.3 Aug. 2°, S. 226

M 6.1 Der Überfall der Ungarn auf das Kloster St. Gallen (923 oder 925)
Hans F. Haefele (Hrsg.), Ekkehard IV: St. Galler Klostergeschichten. Lat. und Dt. (FSGA, A, Bd. 10) 4., gegenüber der 3. um einen Nachtrag erw. Auflage. Darmstadt, Wissenschaftliche Buchgesellschaft 2002, S. 116-123

M 6.2 Eine frühe Burg
Archäologische Denkmäler zwischen Weser und Ems, hg. vom Oldenburger Landesverein für Geschichte, Natur- und Heimatkunde/Staatliches Museum für Naturkunde und Vorgeschichte. Verlag Isensee, Oldenburg 2000, S. 188

M 6.3 König Heinrichs „Burgenbauordnung" (um 926)
Albert Bauer/Reinhold Rau (Hrsg.), Quellen zur Geschichte der sächsischen Kaiserzeit. Widukinds Sachsengeschichte. Adalberts Fortsetzung der Chronik Reginos. Luidprands Werke. Lat. und Dt. Unter Benutzung der Übers. von P. Hirsch, M. Büdinger und W. Wattenbach neu bearb. (FSGA, A, Bd. 8.) 5., gegenüber der 4. um einen Nachtrag erw. Auflage. Darmstadt, Wissenschaftliche Buchgesellschaft 2002, Seiten 68–69

M 6.4 Die Schlacht auf dem Lechfeld (955)
Widukind, Sachsengeschichte, ed. *Wilfried Hartmann*, Deutsche Geschichte in Quellen und Darstellung 1: Frühes und hohes Mittelalter, 750-1250. Philipp Reclam jun., Stuttgart 1995, S. 154-157

M 6.5 Panzerreiter und Herstellung eines Kettenhemdes
The Illustrated Chronicles of Matthew Paris, ed. *Richard Vaughan*. Alan Sutton Publishing, Cambridge 1993, S. 68; Quasi Centrum Europae. Europa kauft in Nürnberg, 1400-1800. Verlag des Germanischen Nationalmuseums, Nürnberg 2002, S. 72

M 6.6 Panzerreiteraufgebot Kaiser Ottos II. (981)
Wilfried Hartmann, Deutsche Geschichte in Quellen und Darstellung 1: Frühes und hohes Mittelalter, 750-1250. Philipp Reclam jun., Stuttgart 1995, S. 183-184

M 6.7 Ein slawischer Burgwall
Welt der Slawen. Geschichte, Kultur, Gesellschaft. Hg. von *Joachim Herrmann*. Urania Verlag 1986, S. 283

M 6.8 Krieg zwischen Sachsen und Slawen
Aus *Christian Lübke*, Regesten zur Geschichte der Slaven an Elbe und Oder 3: Regesten 983-1013. Verlag Duncker & Humblot, Berlin 1986, S. 15-94, zusammengestellt vom Verfasser

M 6.9 Slawische Burgwälle in Ostdeutschland
Welt der Slawen. Geschichte, Kultur, Gesellschaft. Hg. von *Joachim Herrmann*. Urania Verlag 1986, S. 254

M 6.10 Das Wendland und ein Dorf im Wendland
Geschichte und Gegenwart. Arbeitsbuch Geschichte, Band 2. Hg. von *Hans Georg Kirchhoff/Klaus Lampe*, Verlag Schöningh, Paderborn 1986, S. 105

M 6.11 Slawische Gottheit und slawischer Tempel
Welt der Slawen. Geschichte, Kultur, Gesellschaft. Hg. von *Joachim Herrmann*. Urania Verlag 1986, S. 280-281

M 6.12 Aus einem Brief des Bischofs Brun
Ernst Pitz, Lust an der Geschichte: Leben im Mittelalter. Ein Lesebuch. Piper Verlag, Serie Piper 1166, München 1990, S. 270-272

M 6.13 Die slawische Stadt Gnesen
Welt der Slawen. Geschichte, Kultur, Gesellschaft. Hg. von *Joachim Herrmann*. Urania Verlag 1986, S. 240

M 6.14 Besuch Kaiser Ottos III. in Gnesen
Gerd Althoff, Otto III. (GMR.) Darmstadt, Wissenschaftliche Buchgesellschaft, 1996, S. 139-141

M 7.1 Ein Brückenfort gegen die Normannen
The Penguin Historical Atlas of the Vikings by *John Haywood*, Pg. 60. Text copyright © John Haywood, 1995. Design and maps copyright © Swanston Pubkishing Ltd. 1995. Reproduced by permission of Penguin Books Ltd.

M 7.2 Chronik der Normannenstürme
Reinhold Rau (Hrsg.), Quellen zur karolingischen Reichsgeschichte. Lat. und Dt. 2. Teil: Jahrbücher von St. Bertin. Jahrbücher von St. Vaast. Xantener Jahrbücher. Unter Benutzung der Übers. von J. von Jasmund und C. Rehdantz neu bearb. (FSGA, A, Bd. 6.) 2., gegenüber der 1. um einen Nachtrag erw. Auflage. Darmstadt, Wissenschaftliche Buchgesellschaft 2002, Seiten 11–287 (zusammengestellt vom Verf.)

M 7.3 Eine Statistik: Anzahl der Schiffe und Anzahl der Krieger
Die Wikinger. Geschichte und Kultur eines Seefahrervolkes. Hg. von *Peter Sawyer*, Theiss Verlag, Stuttgart 2000, S. 49

M 7.4 Die Fahrten der Normannen und Wikinger
Geschichte und Gegenwart. Arbeitsbuch Geschichte, Band 2. Hg. von *Hans Georg Kirchhoff/Klaus Lampe*, Verlag Schöningh, Paderborn 1986, S. 21

M 7.5 Eine Reise des Bischofs Ansgar von Bremen nach Schweden
Werner Trillmich/Rudolf Buchner (Hrsg.), Quellen des 9. und 11. Jahrhunderts. Zur Geschichte der hamburgischen Kirche und des Reiches. Rimbert, Leben Ansgars. Adam von Bremen, Bischofsgeschichte der Hamburger Kirche. Wipo, Taten Kaiser Konrads II. Lat. und Dt. Neu übertr. von *Werner Trillmich*. Hermann von Reichenau, Chronik. Unter Benützung der Übers. von K. Nobbe neu bearb. von *Rudolf Buchner*. (FSGA, A, Bd. 11.) 7., gegenüber der 6. um einen Nachtrag von *Volker Scior* erw. Auflage. Darmstadt, Wissenschaftliche Buchgesellschaft 2000, S. 40–43

M 7.6 Normannenschiffe
Die Wikinger. Geschichte und Kultur eines Seefahrervolkes. Hg. von *Peter Sawyer*, Theiss Verlag, Stuttgart 2000, S. 199; oder besser: Vikings. The North Atlantic Saga. Ed. *William W. Fitzhugh/Elisabeth I. Ward*. Smithonian Institution Press/National Museum of Natural History, Washington/London 2000, S. 95

M 7.7 Die Handelsstadt Birka in Schweden
Verf.

M 7.8 Ein Überfall auf Birka
Werner Trillmich/Rudolf Buchner (Hrsg.), Quellen des 9. und 11. Jahrhunderts. Zur Geschichte der hamburgischen Kirche und des Reiches. Rimbert, Leben Ansgars. Adam von Bremen, Bischofsgeschichte der Hamburger Kirche. Wipo, Taten Kaiser Konrads II. Lat. und Dt. Neu übertr. von *Werner Trillmich*. Hermann von Reichenau, Chronik. Unter Benützung der Übers. von K. Nobbe neu bearb. von *Rudolf Buchner*. (FSGA, A, Bd. 11.) 7., gegenüber der 6. um einen Nachtrag von *Volker Scior* erw. Auflage. Darmstadt, Wissenschaftliche Buchgesellschaft 2000, S. 58–61

G Quellenverzeichnis

M 7.9	Schnellwaage und Hacksilber Abb. Schnellwaage: © National Museum of Ireland Abb. Hacksilber: © Copyright The British Museum
M 7.10	Fahrten der wikingischen Kaufleute Kartengrundlage: Die Wikinger. Geschichte und Kultur eines Seefahrervolkes. Hg. von *Peter Sawyer*, Theiss Verlag, Stuttgart 2000, S. 16-17
M 7.11	Die Wikinger im Nordatlantik Vikings. The North Atlantic Saga. Ed. *William W. Fitzhugh/Elisabeth I. Ward*. Smithonian Institution Press/National Museum of Natural History, Washington/London 2000, S. 191
M 7.12	Ein Siedlungsplatz der Wikinger in Nordamerika Vikings. The North Atlantic Saga. Ed. *William W. Fitzhugh/Elisabeth I. Ward*. Smithonian Institution Press/National Museum of Natural History, Washington/London 2000, S. 215 Abb. 14-15
M 8.1	Erzbergbau (Folie in Farbe) Fotothek/Deutsches Bergbaumuseum, Bochum
M 8.2	Arbeiten der Bergleute *Gerrit Tubbesing*, Vögte, Froner, Silberberge. Herrschaft und Recht des mittelalterlichen Bergbaus im Südschwarzwald. Freiburger Rechtsgeschichtliche Abhandlungen NF 24. Duncker & Humblot, Berlin 1996, S. 288
M 8.3	Aus einer Schwarzwälder Bergordnung (um 1370) *Gerrit Tubbesing*, Vögte, Froner, Silberberge. Herrschaft und Recht des mittelalterlichen Bergbaus im Südschwarzwald. Freiburger Rechtsgeschichtliche Abhandlungen NF 24. Duncker & Humblot, Berlin 1996, S. 278-281
M 8.4	Die Feinde des Bergbaus (Folie in Farbe) *Heinrich Winkelmann*, Der Bergbau in der Kunst. Verlag Glückauf GmbH, Essen 1958, S. 83, Abb. 41
M 8.5	Eine Sage aus dem Schwarzwald *Friedrich Pfaff*, Volkskunde im Breisgau. J. Bielefelds Verlag, Freiburg im Breisgau 1906
M 8.6	Bergrechte eines Fürsten (1286) Freiburger Urkundenbuch, Bd. II/Lief. 1. Bearb. von *Friedrich Hefele*. Kommissionsverlag der Fr. Wagnerschen Universitätsbuchhandlung, Freiburg im Breisgau 1942, S. 44f. Nr. 34
M 8.7	Eine Münzprägerei und eine Münze Geschichte lernen. Pädagogische Zeitschriften bei Friedrich in Velber in Zusammenarbeit mit Klett. 15. Jg., Heft 88, Juli 2002, S. 13; Die Zähringer. Schweizer Vorträge und neue Forschungen. Hg. von *Karl Schmid*, Thorbecke Verlag, Ostfildern 1990, Taf. 29d
M 8.8	Ein Reichsgesetz über das Münzrecht (1231) *Lorenz Weinrich* (Hrsg.), Quellen zur deutschen Verfassungs-, Wirtschafts- und Sozialgeschichte bis 1250. Lat. und Dt. (FSGA, A, Bd. 32.) 2., um einen Nachtrag erw. Auflage. Darmstadt, Wissenschaftliche Buchgesellschaft 2000, S. 420-421
M 9.1	Investitur *Maria Bogucka*, Das alte Polen. Urania Verlag, Leipzig/Jena/Berlin 1983, Taf. 15
M 9.2	Dictatus Papae Quellen zur Geschichte des Papsttums und des römischen Katholizismus, 3. Aufl. 1911, S. 127, übersetzt von G. Erler
M 9.3	König Heinrichs Zug über die Alpen Annalen, Lampert von Hersfeld, neu übers. von *Adolf Schmidt*. Erl. von *Wolfgang Dietrich Fritz*. (FSGA, A, Bd. 13) 3. unv. Auflage. Darmstadt, Wissenschaftliche Buchgesellschaft 1985, S. 396-399
M 9.4	Wege über die Alpen Verf.
M 9.5	Aus einem Schreiben Papst Gregors VII. an die deutschen Fürsten (1077) *Franz-Josef Schmale/Irene Schmale-Ott* (Hrsg.), Quellen zum Investiturstreit. Lat. und Dt. 1. Teil: Ausgewählte Briefe Papst Gregors VII. Hrsg. und übers. von *Franz-Josef Schmale*. (FSGA, A, Bd. 12a). Darmstadt, Wissenschaftliche Buchgesellschaft 1978, S. 240–243
M 9.6	Eine Miniatur *Uta-Renate Blumenthal*, Gregor VII.: Papst zwischen Canossa und Kirchenreform. Wissenschaftliche Buchgesellschaft, Darmstadt 2001, Abb. 6
M 10.1	Die Gründung einer Stadt Auszug aus dem Aufsatz „Zwei vergessene Paragraphen in der Freiburger Gründungsurkunde" von M. Blattman, erschienen in der Zeitschrift Schau-ins-Land 101 (1982)
M 10.2	Nürnberg, Burg und Stadt (Folie in Farbe) Quasi Centrum Europae. Europa kauft in Nürnberg, 1400-1800. Verlag des Germanischen Nationalmuseums, Nürnberg 2002, S. 21 Fig. 2
M 10.3	Über Vergehen und Strafen *Bernd-Ulrich Hergemöller* (Hrsg.), Quellen zur Verfassungsgeschichte der deutschen Stadt im Mittelalter, Lat./Mhdt./Niederdt. und Dt. (FSGA, A, Bd. 34.) Darmstadt, Wissenschaftliche Buchgesellschaft, 2000, S. 438-443
M 10.4	Eine Sage *F. W. Hebel*, Pfälzisches Sagenbuch. Kaiserslautern 1912, S. 33-34
M 10.5	Zünfte in Esslingen (1331) *Bernd-Ulrich Hergemöller* (Hrsg.), Quellen zur Verfassungsgeschichte der deutschen Stadt im Mittelalter, Lat./Mhdt./Niederdt. und Dt. (FSGA, A, Bd. 34.) Darmstadt, Wissenschaftliche Buchgesellschaft, 2000, S. 336-343
M 10.6	Auf einem Markt *Ulrich Richental,* Chronik des Konstanzer Konzils, 1414-1418, ed. Michael Müller. Friedrich Bahn Verlag, 2. Aufl. Neukirchen-Vluyn 1984, S. 24–25
M 10.7	Aus einer Straßburger Ordnung (um 1130) *Bernd-Ulrich Hergemöller* (Hrsg.), Quellen zur Verfassungsgeschichte der deutschen Stadt im Mittelalter, Lat./Mhdt./Niederdt. und Dt. (FSGA, A, Bd. 34.) Darmstadt, Wissenschaftliche Buchgesellschaft, 2000, S. 160–185
M 10.8	Stadtregierung von Köln Rheinisches Bildarchiv Köln